To all the readers,
Just make a plan!
♡
Maye Musk.

上：1955 年，梅耶的父母自己驾驶飞机在澳大利亚旅行
下：1955 年，梅耶的母亲、姐姐凯和弟弟李在卡拉哈里沙漠

左：1956年，梅耶全家到卡拉哈里沙漠旅行，从左到右依次为哥哥斯科特、姐姐凯、梅耶、弟弟李、姐姐琳恩
右：1969年，梅耶参加选美比赛，获得"南非小姐"决赛资格

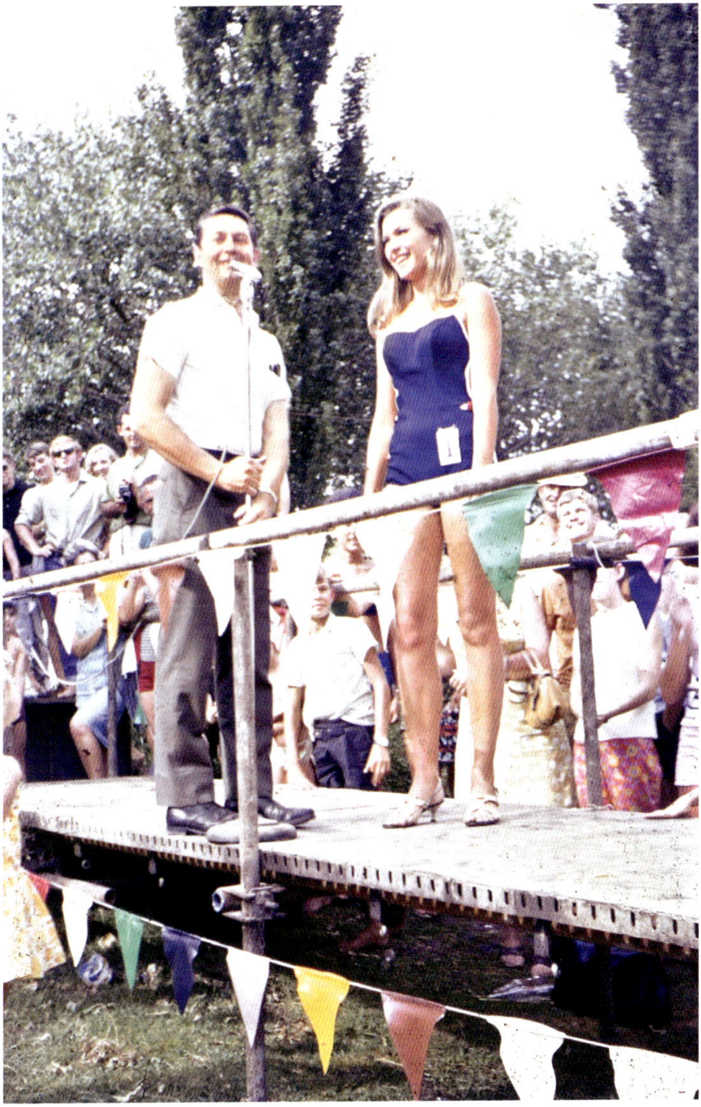

左上：1972 年，梅耶和 1 岁的埃隆
左下：1976 年，比勒陀利亚，5 岁的埃隆、2 岁的托斯卡和 4 岁的金博尔
右上：1976 年，28 岁的梅耶和儿子埃隆、金博尔，女儿托斯卡
右下：1982 年，专注的埃隆·马斯克（11 岁）

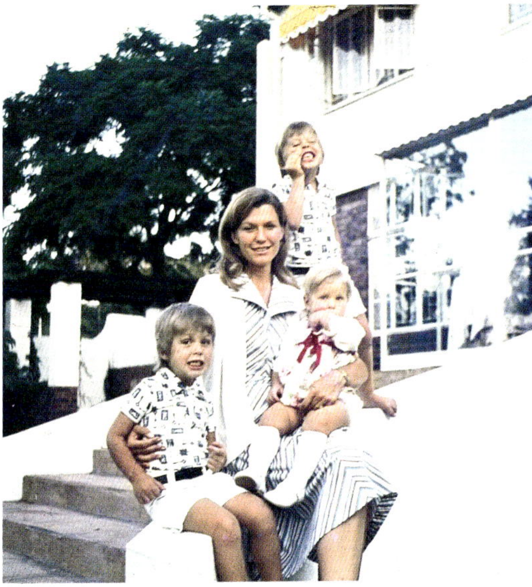

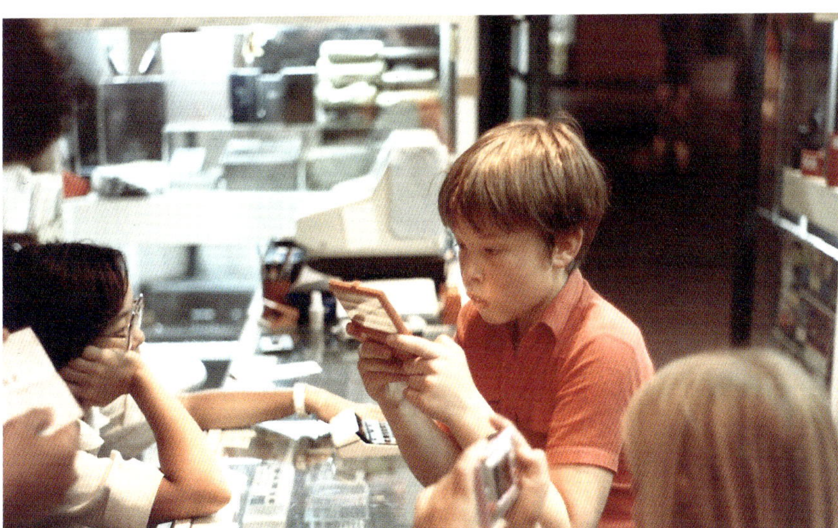

左：1983 年，布隆方丹，梅耶作为营养师实习生毕业
右上：1987 年，托斯卡用法语表演歌剧
右下：1988 年，练习钢琴的托斯卡

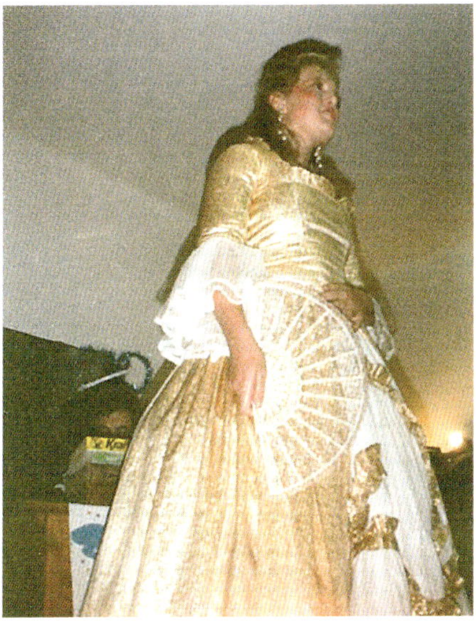

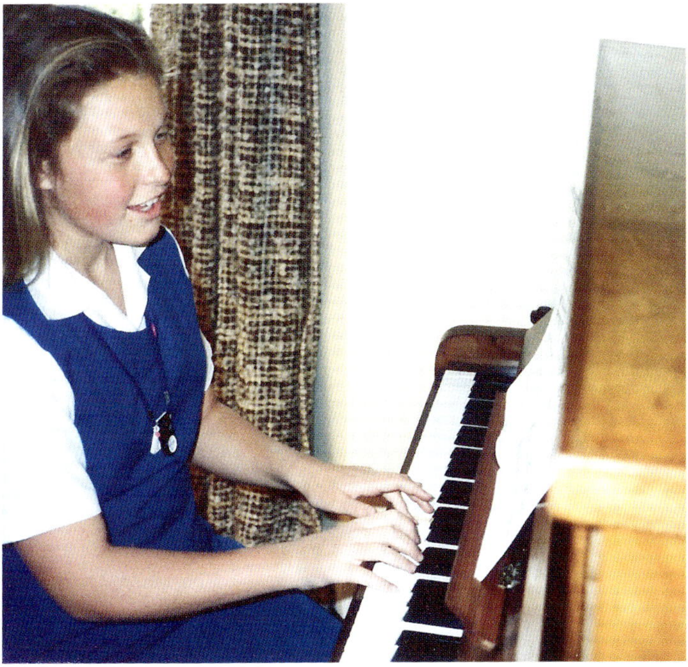

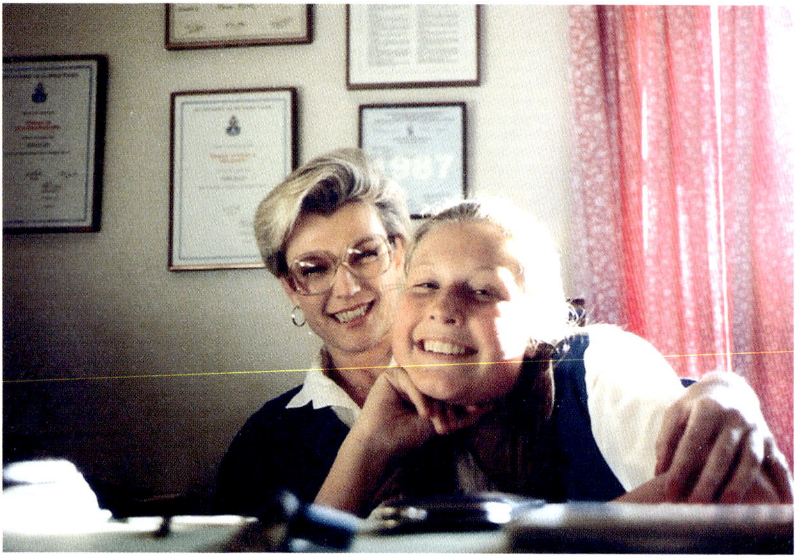

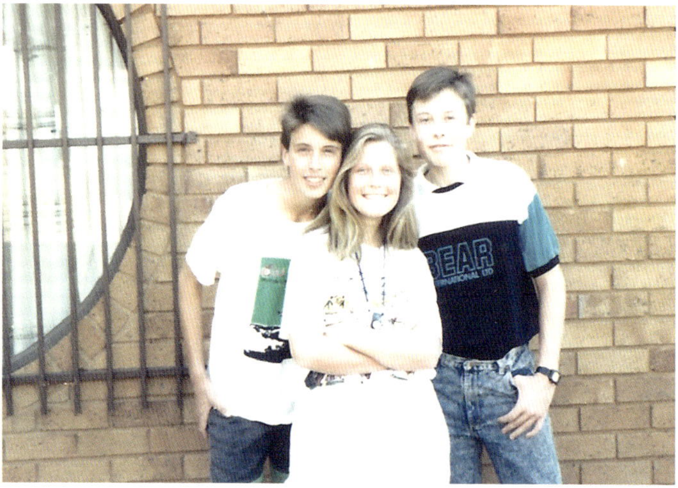
BEAR

左上：1988年，约翰内斯堡，托斯卡帮助梅耶完成医师报告
左下：1988年，搬去加拿大前，金博尔、托斯卡和埃隆三人合影
右上：1989年，很小就展现出对食物极大兴趣的金博尔
右下：1989年，加拿大萨斯喀彻温省，埃隆·马斯克庆祝18岁生日

左：1995 年，埃隆·马斯克和梅耶商讨修改她的第一本书的手稿
右：1996 年，梅耶和埃隆·马斯克在公司成立庆典上

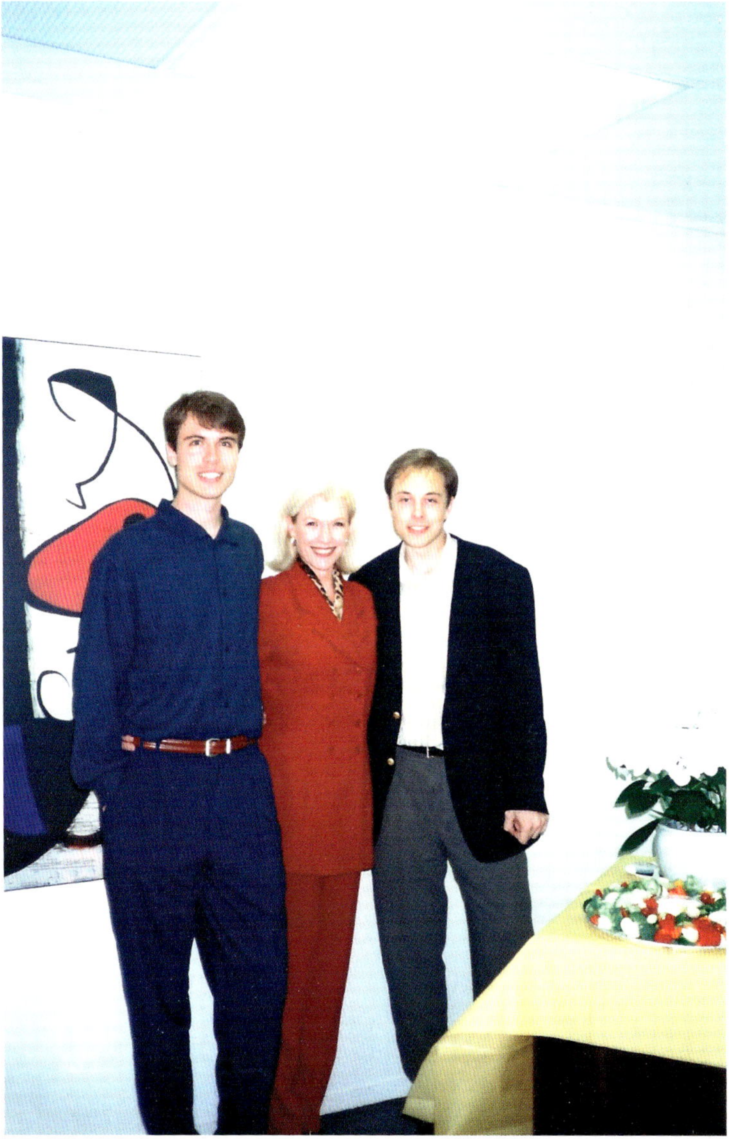

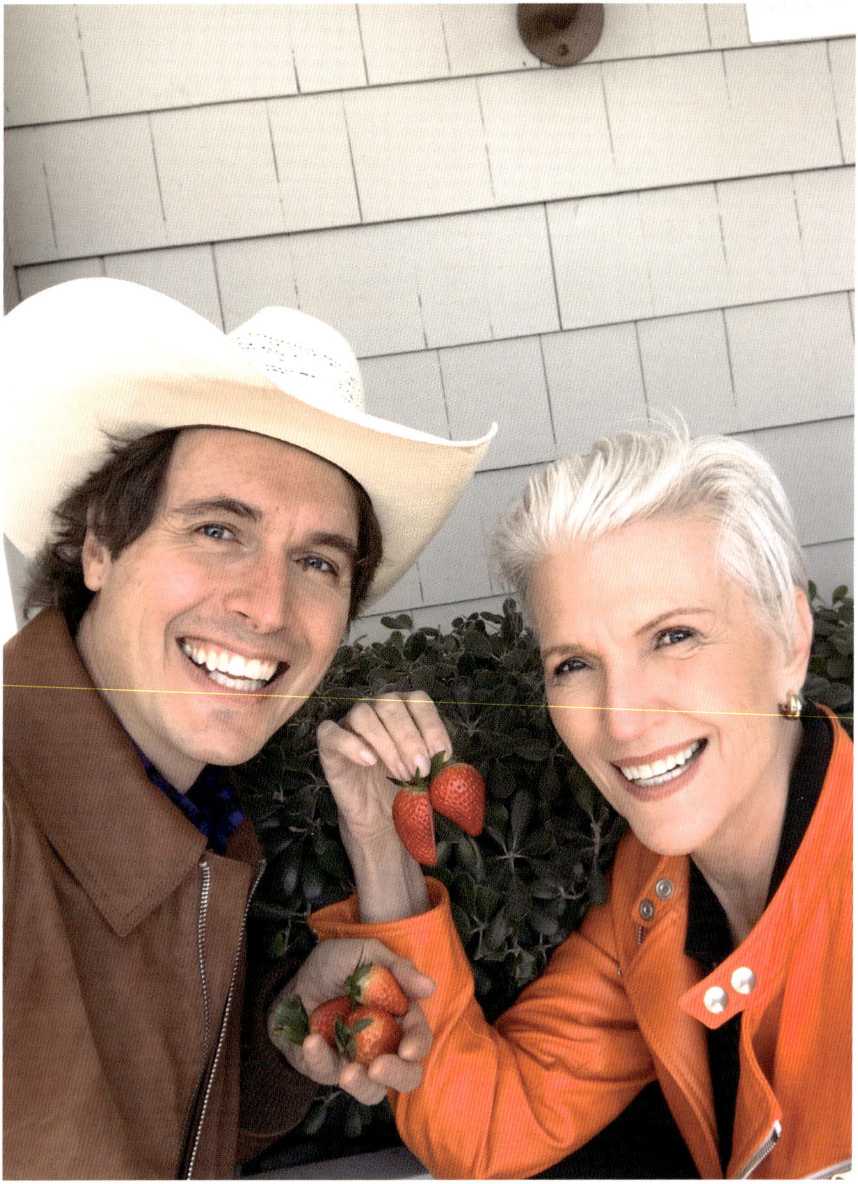

左：2011 年，"绿色巨人"计划推广前夕，梅耶和金博尔鼓励所有人种下一颗种子
中：2014 年，巴塞罗那，梅耶带着孙子散步
右：2015 年，梅耶和她的宠物狗德尔雷伊

左：2016 年，梅耶、埃隆和托斯卡在特斯拉新车型 Model 3 发布会上
右：2019 年，梅耶和托斯卡在热情亚麻电影公司电影首映式上

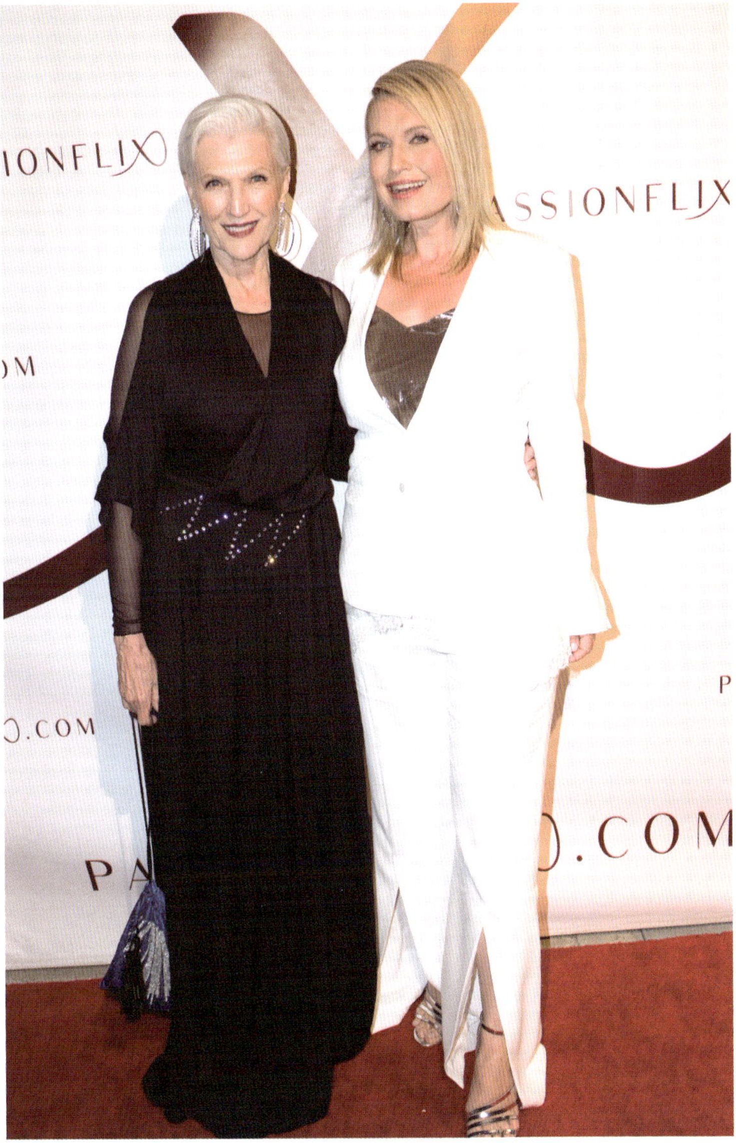
IONFLIX
ASSIONFLIX
.COM

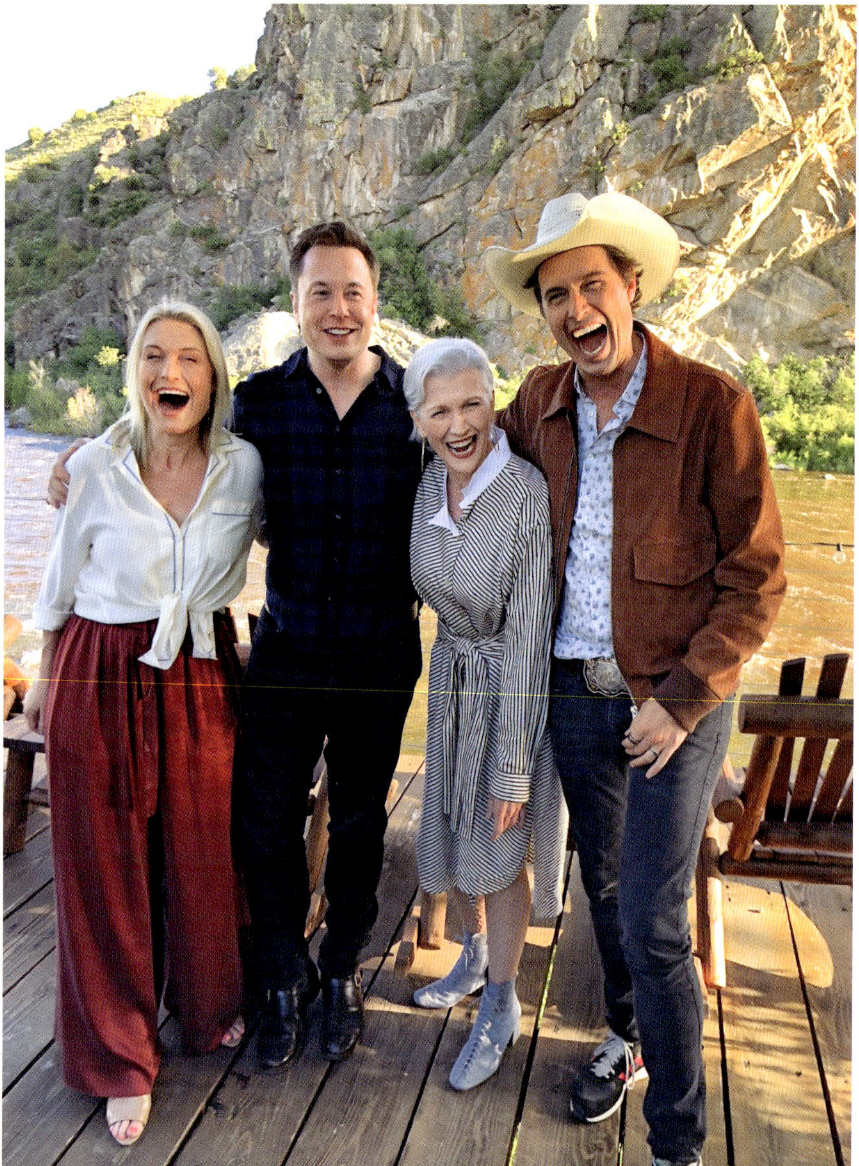

左：2019 年，梅耶和孩子们开心地大笑，左二是埃隆·马斯克
右：2019 年，梅耶和好朋友兼造型师朱莉娅在巴黎

A WOMAN MAKES A PLAN
ADVICE FOR A LIFETIME OF ADVENTURE, BEAUTY, AND SUCCESS
MAYE MUSK
PERSONAL STORIES AND LESSONS LEARNED FROM A LIFE OF "LIVING DANGEROUSLY—CAREFULLY"

左：梅耶和《人生由我》英文版图书
右：太空探索技术公司（SpaceX）成功发射可回收式火箭"猎鹰九号"，埃隆和梅耶合影留念

左：托斯卡、金博尔和梅耶在孟菲斯的一所学校出席"绿色巨人"菜园开幕典礼
右：梅耶接受网络直播采访

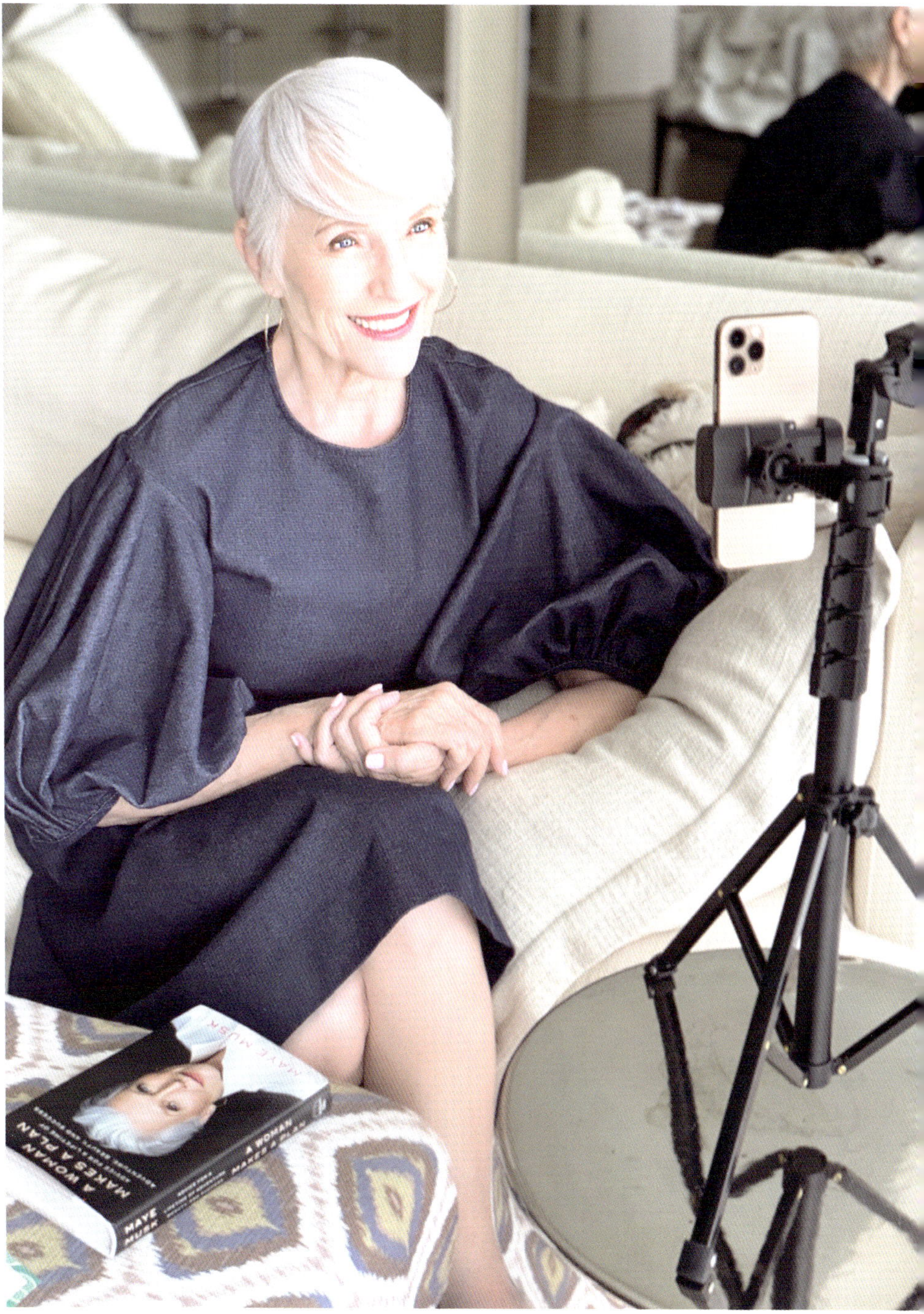

MAYE MUSK
A WOMAN MAKES A PLAN

左：梅耶和她的狗在一起
右：梅耶试穿来自中国的衬衫

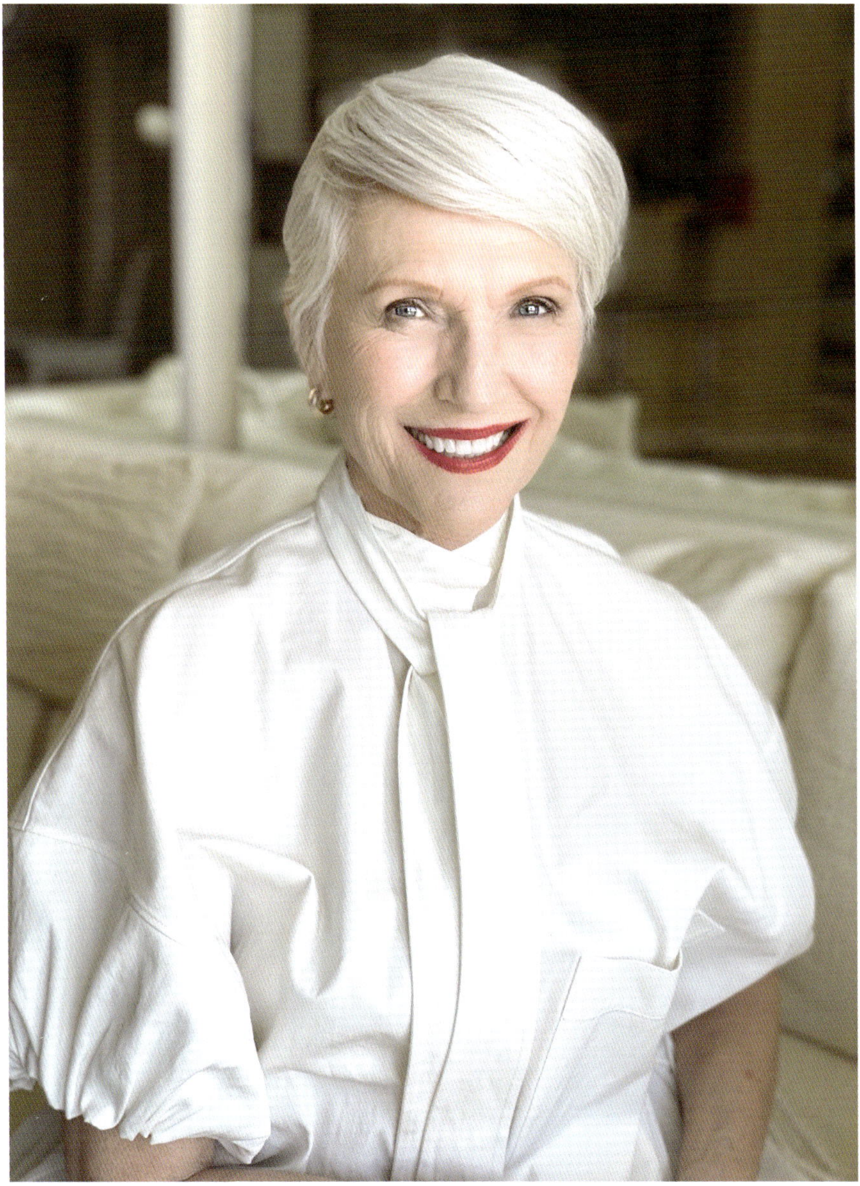

人生由我

A WOMAN MAKES A PLAN

[加]梅耶·马斯克(MAYE MUSK)著
代晓(C老师)译

中信出版集团｜北京

图书在版编目（CIP）数据

人生由我 /（加）梅耶·马斯克著；代晓译. -- 北京：中信出版社, 2020.6（2025.8 重印）
书名原文：A Woman Makes a Plan: Advice for a Lifetime of Adventure, Beauty, and Success
ISBN 978-7-5217-1563-7

Ⅰ.①人… Ⅱ.①梅…②代… Ⅲ.①梅耶·马斯克—自传 Ⅳ.① K837.118.5

中国版本图书馆 CIP 数据核字 (2020) 第 026928 号

A WOMAN MAKES A PLAN by Maye Musk.
Copyright © 2019 Maye Musk, by arrangement with CookeMcDermid Agency, The Cooke Agency International, and The Grayhawk Agency Ltd. Originally published in English by Penguin Random House.
Simplified Chinese translation copyright © 2020 by CITIC Press Corporation
ALL RIGHTS RESERVED

本书仅限中国大陆地区销售发行

人生由我

著　　者：[加] 梅耶·马斯克
译　　者：代晓（C 老师）
出版发行：中信出版集团股份有限公司
　　　　　（北京市朝阳区东三环北路 27 号嘉铭中心　邮编　100020）
承　印　者：北京通州皇家印刷厂

开　本：880mm×1230mm　1/32　印　张：8　字　数：167 千字　插　页：14
版　次：2020 年 6 月第 1 版　印　次：2025 年 8 月第 46 次印刷
京权图字：01-2020-0463
书　　号：ISBN 978-7-5217-1563-7
定　　价：59.00 元

版权所有·侵权必究
如有印刷、装订问题，本公司负责调换。
服务热线：400-600-8099
投稿邮箱：author@citicpub.com

我想将本书献给那些给我的生活带来极大影响的人：

我已故的母亲温·霍尔德曼，她给了我、我的姐姐们及所有她遇到过的女性做好工作的信心。

我已故的姐姐琳恩·霍尔德曼，曾经有五年的时间，她每晚都耐心听我倾诉烦恼。为了修好我家大楼的烟囱，她鼓励并陪伴我经历了合作法庭案件的全过程。

我的双胞胎姐姐凯，她一直都在我身边守护着我，让我得以脚踏实地。

我可爱的小女儿托斯卡，以及我的两个儿子埃隆和金博尔，他们尊重和支持我所做的每一个决定。

我的十一个孙子孙女，是他们让我不断学习，他们提出的那些奇奇怪怪的问题让我欢乐无比。

我的大家庭、朋友和团队，无论我身处逆境或顺境，无论我是否需要重新出发，他们一直都在给我帮助与鼓励。

目录

XIII
推荐序 / 打碎"人造完美",原力觉醒

XIX
前言 / 拟订计划,放手一搏

第一部分

关于美丽
让外表和内在都很精彩

1
别因为你是女性 /003
在头发变白时走红

2
如何令人着迷 /015
她很有趣,而不是她很漂亮

3
让外表和内心一样"胸有成竹" /021
一件好的基本款是衣品的基础

4
我爱化妆 /031
不必假装年轻，好好利用化妆这项工具

5
信心游戏 /037
进退有度，有时靠挺直腰杆来假装自信很有必要

第二部分

关于冒险
拥有良好的心态，善于制订计划，
并敢于冒险

6
决不随波逐流　/045
走自己的路，不必总是遵循别人对你的期望

7
舒适并不是生活的必需品　/055
为已知制订计划，为未知做好准备

8
为什么不？　/061
无论机会大小，为什么不试试

9
专注于你的下一步 /067
每个人都有能力逃离困境

10
强迫自己做出正确选择 /085
你需要先制订一个计划

第三部分

关于家庭
孩子们会因为拥有足够的
独立生存能力而受益匪浅

11
成为坚毅的职场妈妈 /095
没有必要对孩子过度保护,这只会造成他们与现实和责任脱节

12
十二岁的魔法 /103
教给孩子们良好的习惯,但是你无法帮他们决定未来做什么

13
重新出发 /109
如果在聚会中看到有人孤身一人,试着跟他交谈

14
如果有必要，换个地方生活 /115
如果向前的时机来临，那么应该冒险一试

15
收获善意的力量 /121
善待陌生人，并学会寻求支持

第四部分

关于成功
一切与年龄无关

16
越努力,越幸运 /131
如果你并非生而显贵,你需要找到你的天赋,并努力工作

17
追求自己想要的东西 /137
没有绝对的"yes",但是如果你没有开口,那答案绝对是"no"

18
尽可能保持积极乐观 /143
你会经历许多次打击,你也会恢复得越来越快

19
勇往直前 /151
重新开始也许会是最佳方案

20
人生由我，发掘全新自我 /159
走出舒适区也意味着可能有很棒的机遇

21
成为网络红人 /165
学习新技能永远不会太迟

22
致所有的单身女性 /171
恋爱与否，你都可以活得开心

第五部分

关于健康
饮食习惯的改变会让你发现自己未知的潜能

23
健康饮食会让你更快乐 / 181
认真计划你的每一餐

24
学会享受食物 / 195
不要把你的卡路里配额浪费在难吃的食物上

25
别让客人带巧克力去你家 / 203
不需要把每一餐都做到十全十美,你的人生同样如此

26
坚持运动 /207
倾听自己身体的声音，不要让它陷入痛苦之中

27
好的人际关系对身心健康有益 /213
当我们互相照顾时，每个人都可以从中受益

28
拥抱七十一岁 /217
让生命中的每一个十年都比上一个十年更好

终章 / 现在开始，制订你的计划 /225
要有足够的常识和制订计划的能力

229
致谢

推荐序 ▼ 打碎「人造完美」，原力觉醒

脱不花　得到 App 联合创始人

我是一名年届四十的创业妇女。我有两个女儿，一个五岁，一个三岁。在一口气读完《人生由我》之后，我做了一个决定：把这本书永远放在我家客厅书柜最方便拿到的那一层，给它贴上一个漂亮的标签，吸引我的孩子们在未来某天，随手就能拿出来读。

这是我给她们的祝福。

每位女性的书架上都应该有这本书。

我当然盼望我的女儿们此生一帆风顺。但是假如她们不得不面对磨难和挑战，我希望她们届时至少能拥有梅耶·马斯克十分

之一的勇气和能量。

我不知道其他女性花多少时间来自我怀疑，但我几乎每天早上从起床就开始了。我在十几岁的时候怀疑自己不够可爱，在三十多岁的时候怀疑自己没有魅力，终于熬到了四十岁，我又开始怀疑自己早衰。更别说我隔三岔五就觉得自己的能力比不上别人，无论是作为创业者还是作为母亲。

在以前，梅耶·马斯克这种人的存在，简直就是对我自信心的暴击。我在心里无数次对自己说：你看看人家！

梅耶·马斯克在六十岁的时候担任《时代》杂志健康版封面模特，在六十九岁时成为美国畅销彩妆品牌的代言人，曾经一度登上纽约时代广场的四块广告牌，她拥有两个硕士学位，是加拿大著名营养师，单身四十年的同时独立培养出了特斯拉创始人埃隆·马斯克三兄妹——不仅成人，而且成才。

她美丽、聪明、自由、强大，且成功。

可是她自己是怎么说的呢？

我什么都买不起。
我的眉毛和睫毛非常稀少，嘴唇也挺薄的。
我很孤单。肥胖让我缺乏自信。
我曾整整九年饱受家庭暴力之苦。
我被拒绝的次数可以说是数不胜数。
我仿佛身处地狱。我曾对生活无数次失去信心。

我姐姐叫我"渣男收割机",她是对的。

无论是这些在书中比比皆是的自嘲、自黑,还是她实际上开挂的全能人生,都让我感觉:太猛了。我得缓缓。

她十分坦诚地揭开了自己的伤疤,而且指着这些伤疤说起了俏皮话。

她试图通过这种方式告诉我们,她并不是媒体塑造的"完美女性代言人",事实上,就是这种"人造完美女性"给普通人制造了数不清的压力和困惑。这本书打破了"人造完美",展现了一个女性是怎样逐步探索世界和重建自我的。

我在阅读这本书的过程中记了好多条读后感,在此分享给读者。

1. 行动越早,痛苦越小。对人生难题要打运动战,无论如何都别坐在泥坑里哭闹,"先行动起来"。

2. 埃隆·马斯克号称"钢铁侠",不过在他外公面前,他简直不值一提。毕竟他的外公和外婆是那种在南非的家里突然想去趟澳大利亚,就自己开飞机去的人。他们导航全凭指南针。那可是在二十世纪五十年代。

3. 相信家族传统的力量。热情、精力旺盛、冒险精神、组织能力、重视专业,这些重要的成功素质,在这个家族的三代人身上都有突出的体现,而且代代传承,没有损耗。

4. 对孩子最有用的教育,就是让他们看见你在努力成为更好的自己。除此之外,都不重要。

5. 职业妇女在子女教育的问题上有一个突出的优势，就是因为没有太多时间陪孩子，所以孩子会有更多机会发展自己的天赋（想到这里，我再也不为孩子上补习班和写作业的问题焦虑了）。

6. 即使在七十岁时还能当超级名模走秀，但只要是女人，她就总会对自己这里或者那里不满意。真相是：人们只会关注你最好的部分。所以，尽管自信吧。

7. 真正的赢家，都是斯多葛主义者。曾经有人问第欧根尼，他从哲学中学到了什么，他回答："准备迎接每一种命运。"梅耶·马斯克的人生案例也说明了这一点。真正的赢家既不是"傻白甜"，也不是怨妇，既不盲目乐观，也不顾影自怜，而是有足够的勇气，能心平气和地一一解决所有挑战的人。她的故事，就像奥勒留在《沉思录》里写的那样："生活的艺术更像是摔跤，而不像是跳舞。"

8. 珍惜友谊。孩子会离家，爱人会分手，工作会退休，但志同道合的密友长留。真正的朋友未必能与你抱团取暖，但必然能让你肃然起敬。

9. 善于寻求别人的帮助和支持。求助是一种非常基础的生存能力，求助就是在结网，在与更多人建立信任和连接。

10. 追求美是很重要的一个人生课题。假设她还是埃隆·马斯克的母亲，但是没有现在这么美，那么这就是一个单亲家庭的教育故事，而不是一名硬核女性成长的励志故事。

11. 衰老也有其红利。对于斯多葛主义来说，人生也是一个反脆弱的系统。随着年龄的增长，人的自我认知会更加准确，从失败中复原的能力理应会变得更强。

12. 无论一切看起来多么暗淡，前方总有光明。如果实在太黑了，那就让自己变成一盏灯吧。

梅耶·马斯克写在这本书前言中的一句话，充满了曾经沧海之后的勇气和慈悲，她说："我希望，当我亲爱的读者在阅读这本书的时候，他们能够比我经历更少由挣扎带来的苦痛，拥有更多幸免于难的欣喜。"

我会把这本书作为一个礼物，送给我的女性朋友们。愿每一位女性，原力觉醒。

前言

拟订计划，放手一搏

我成长于一个痴迷于探险旅行的家庭。我的父母曾开着一架没有 GPS（全球定位系统）和无线电，只用帆布覆盖的小型螺旋桨飞机，穿越加拿大、美国、非洲、欧洲、亚洲和澳大利亚。当我们还是孩子的时候，我的父母每年冬天都会带着我们去卡拉哈里沙漠[①]，寻找那座失落的古城。

回首往事，我才意识到，仅准备了指南针、可供三周生活的食物和水就带着五个孩子穿越沙漠有多危险。不过，我的父母一定已经做好了应对旅途中各种最坏状况的预案。我们的家训是：冒险而审慎地生活。我父亲喜欢冒险，但也明白随时要为意外做

[①] 卡拉哈里沙漠，位于南非北部、纳米比亚东南的平原沙漠。——译者注

好准备。也正因为如此,我这一生都充满了好奇心,乐于探索未知世界。而且我深知,只要做好充分的准备,那就可以放手一搏!

有一句南非荷兰语伴随着我长大:"N boer maak'n plan."这句谚语的字面意思是:"优秀的农夫善于做计划。"南非人总是把这句话挂在嘴边。计划没有大小之分,只要涉及转换方向或解决问题,这句谚语就非常适用。总之,无论在你面前的障碍是什么,你都必须全力以赴,找到攻克难关的最佳方案。

起初,我想把这本书命名为《挣扎与幸存》,但是大家都觉得这个名字不是很有吸引力。我希望,当我亲爱的读者在阅读本书的时候,他们能够比我经历更少由挣扎带来的苦痛,拥有更多幸免于难的欣喜。我在人生中曾反复经历命运的打击,这让我每次都不得不提前做好计划,考虑周详。但是,如果计划仅仅基于女性的视角,你必然会因此蒙受损失,只能从头再来。(顺带说一句,单一的男性视角也会造成此类后果。)

我曾多次推倒并重建我的人生。成年之后,我在三个国家的九个城市生活过。我并不建议每个人都像我这样,但是如果你别无选择,那么请你务必未雨绸缪,提前做计划。敢于冒险的人往往可以获得更加精彩和幸福的人生。一开始的时候,我冒险过很多次,也经历过许多煎熬。不过我坚持到了最后,直到收获了个人生活与职业生涯的双重成功。你不必把人生中的每一次改变都精确到细节,大可以在问题出现的时候再着手解决。人生充满了各种各样的问题,你只需要计划好第一步。

生活处处有惊喜。从照顾好自己、家人和朋友，到让外表和内在都变得很精彩，再到拥有真正成功的职业生涯和耀眼的探险人生——瞬间涌现在脑海里的梦想真是不胜枚举。但是请从你的第一步开始，一步一个脚印，保持前行。

身处困境的时候，我会阅读很多爱情小说或励志书，这些书曾给我无限希望。也许，这本分享我人生经历的书同样可以给亲爱的读者们带来希望。

活到我这样的年纪实在是太棒了。我已经度过了七个美好的十年，享受了两段成功的职业生涯，把三个孩子顺利抚养长大，成为十一个孙子孙女的祖母。现在，作为一名传播健康的演说家和模特，我感到自己比以往任何时候都更受欢迎——我甚至被邀请写这本书！这就是为什么我感觉七十一岁这个年龄很棒。每一天，我都在兴奋中醒来。

如果你能拥有良好的心态，善于制订计划，并敢于冒险，你的一切愿望都有可能实现，哪怕你的愿望是飞向火星！

美丽

让外表和内在都很精彩

关于

第一部分

1
别因为你是女性

在头发变白时走红

五十九岁时,我开始任由我的头发变白,《纽约客》杂志的封面刊登了我的孕妇照。(我并不是真的怀孕了,但那张照片看起来的确能够以假乱真。)六十七岁时,我第一次登上纽约时装周,和年龄只有我三分之一的女孩儿们一起走秀。到六十九岁时,我竟然成了"封面女郎"[①]的品牌代言人。

你能想象这一切吗?反正我是从未想过。我从来没有预料到,一头白发竟然是成为超级名模(后文简称"超模")的秘诀。我十五岁时第一次参加走秀,那时人们告诉我,模特生涯通常到十八岁就会结束。我没想到我的模特生涯会持续这么长时间,更

---

① 封面女郎(COVERGIRL)是美国著名彩妆品牌,也是宝洁公司旗下的主要产品之一。——译者注

不可思议的是，我竟然在七十一岁时进入了事业的黄金期。但我还是我，在第一次走秀五十六年后的今天，我仍然觉得一切还只是刚刚开始呢。

千万别因为你是女性，你就随着年龄的增长而放慢脚步。现在的我就像一颗出膛的子弹一样在狂奔——探索一切，尽情享乐，比以往都要繁忙。社交媒体的确给予了我更多的工作机会，也让我获得了前所未有的乐趣。刚刚我是否提到了"乐趣"？不要忽视乐趣的重要性。如果男性没有放慢速度的必要，那么女性也同样没这个必要。别让年龄减缓了你的速度，或成为你前进的绊脚石。只要拥有健康的饮食，保持微笑，拥有积极、快乐和自信的人生态度，你完全可以把自己照顾得很好。衰老从未使我畏惧。说来也怪，每当我看到自己脸上的皱纹——六十岁之后，皱纹也爬上了我的大腿和手臂——时，我只是感觉一切十分有趣。只要身体保持健康，我就无比欢喜。

我父母的一位朋友管理着一家模特学校和一家模特经纪公司，因此我从十多岁起就开始在南非比勒陀利亚当模特。父母的这位朋友名字叫莱蒂，跟我父亲一样，她的丈夫也有一架飞机。每周日晚上，我们两家都会在一起聚餐。莱蒂是如此美丽、优雅，她身上有一种沉静的自信，这种自信会让人情不自禁地就答应她的请求。

在我和双胞胎姐姐凯十五岁的时候，莱蒂邀请我们去她的模特学校免费上课，我们几乎毫不犹豫就答应了。在学校的毕业走秀上，我包揽了自己的整个造型设计：亲手做一套香奈儿风格的粉红色套装，把头发染成棕色，给自己化妆。

莱蒂是最早给我提供模特工作的人。在她的安排下，我每周六上午会在百货公司走秀，或者去参加平面拍摄。成为模特从未让我感觉有多特别或高人一等，在我眼里，这只是一份薪酬较高的工作而已。不过，最初我在拿到收入时的确很惊讶。我去了某个地方，穿上一条裙子，在房间里四处走动，然后打道回府。为什么这样就能挣到那么多钱？模特的收入的确不菲，对于像我那个年纪的女孩来说尤其如此。

彼时我无法想象，我到了七十一岁竟然还在做模特。任何人只需要环顾四周就会发现，周围的所有模特都有着年轻的面孔。我知道这份职业犹如昙花一现，但我并不会为此而感到烦恼，有工资我就已经很开心了。我很清楚我的目标并非成为模特，而是进入大学接受高等教育。

令人感到惊喜的是，我的模特工作在大学时代仍然得以继续。我按照计划拿到了大学学位，然后我就结婚了！这是另一个惊喜。尽管很快要小孩并不在我的计划之中，但我在蜜月时发现自己怀孕了。三年内，三个惊喜接踵而至：埃隆、金博尔和托斯卡。每多一个孩子，我都会在头发上挑染一些金色。在托斯卡出生之后，我已经完全变成了一个金发女郎。

在莱蒂的邀请下，作为三个孩子的母亲，我又开始重操旧业。她的公司需要有人来扮演新娘的母亲，显然，这项工作没法儿让一位十八岁的模特来完成。莱蒂只能向我开口，因为其他所有的女孩都太年轻了，而我在二十八岁时看上去却相当成熟。就这样，我成了南非模特界最年长的一位模特。

三十一岁的我已是一名单身母亲，为了逃离丈夫，我搬到了德班。此时我再也无法负担染发的费用，只能自己动手。我的头发被我染成了各种深浅不一的金色和橙色，大家管这个叫"金橙头"。我的头发的确不好看，也乱得厉害，为了省钱，那时我都是自己剪头发。出于某种未知的原因，公司还是让我继续做模特，因此我就把发型之类的事情丢到脑后，只要一切不影响我的营养师业务就行。要知道，早在二十二岁时，我就已经在比勒陀利亚的公寓里开始了这项事业。只要我能对我的客户有所帮助，没有人会关心我的头发看上去如何。

四十二岁时，我搬到了多伦多。我一边在学校攻读博士学位，一边做模特，同时也担任一所模特学校的教师，尽力让我的学业和事业齐头并进。那时我有一本专门用于求职的模特作品集，多伦多的一家机构因此聘用了我，他们认为我会成为一棵新的摇钱树。尽管市场上大部分的模特工作都被分派给了年轻女性，但为了让画面看起来更加真实可信，市场有时仍然需要相对年长的模特。当我第一次扮演祖母拍摄广告封面时，我只有四十二岁！

当时在多伦多，我并不是唯一一位四十多岁的模特，但我通常会是一群模特中仅有的年龄不是十多岁或二十多岁的那个人——这种"格格不入"的情况其实非常少见。请注意，我此时的工作内容并不是展现高阶时尚或高级时装，这里也并不是纽约或米兰时装周。

我记得，我做过一次路演，现场都是较为年长的女性和男性。路演结束之后，我们一起出去喝了一杯。其中一个人突然对我说："这杯饮料你得自己买单，因为你是唯一一个至今都还没和我上过床的人。"

我静静地看着他。

他说："是的，在场的其他模特都和我一起拍过床垫广告。"

适合年长模特的工作就是这样的：拍摄床上用品的广告，诸如此类。

我倒是不在乎这些，因为我来这里的目的也不是为了好玩儿。这只是一份工作而已，而我需要这份工作。我坚持做模特是因为这份工作本身就很有趣，而且它能让我看上去美丽动人。我终于有机会逃离枯燥的办公室，探索不同的城市，并结识新的朋友。在那些年里，公司必须提前三周跟我预约时间，以免扰乱我在营养咨询上的工作安排。而且，每月我的模特工作不会超过四天。尽管做模特的薪水和我做营养师的薪水一样多，但我坚持认为营养师才是一个稳定的、绝不会被破坏的基本收入来源，我要靠它支付日常开支、房租、车费，以及校服、汽油和汽车服务的费用。做模特可以让我得到一张探望家人的便宜机票、一些衣物，或者一些我们公寓需要的东西，有时我甚至可以得到一条免费的裙子。

对我而言，模特这份工作仅仅是锦上添花而已。

我甚至从未告诉我的营养咨询客户我在做模特。那时候没有社交媒体，也没那么多人知道我有一份其他的工作。除非有时候某人会问："杂志上的那个人是你吗？"我才会回答："是的，我就是传说中的西尔斯百货家居服女王。"这可是我的工作。如果西尔斯百货新上了一件家居服，他们会让我穿上它拍照，以求让这件衣服看起来更漂亮。

我在五十多岁的时候搬到了纽约。在参加了几次大型的活动之后，我与一家更大的模特经纪公司签了约。我原以为这会增加我的曝光率，结果却恰恰相反。我的模特工作邀约从时有时无变成了几乎没有。

我给公司的工作人员发邮件，告诉他们，我加入这家公司不是为了终止我的模特生涯。他们回复说，他们那里没有适合我的工作。

于是我给他们打电话，他们竟然说："客户就是不想见到你，他们喜欢那些比你更出名的模特。"

可我没觉得他们说的那些模特比我更有名。

我无法理解的是，为什么客户再也不想见到我了。在几十年的模特生涯中，我从来没有过这样的遭遇，这是否就是所谓的"末日来临"？那时我还被告知，再也没有人喜欢我这种外貌了。

有时候我会偶遇一些同行，他们在街上或餐厅里拦住我说：

"我们一直试图预订你的时间,但听说你都没空。"

我去了经纪公司,告诉工作人员:"很多人一直在试图接洽我。"

"不,没有这种事。他们一定是把你和其他人搞混了。"

从那以后,我决定不再染发。我想:"嗯,既然模特工作几乎断档,那不妨看看我真实的发色是什么样的。"

我的新头发开始长出来,颜色看起来非常糟糕,就像一头披肩金发里长出了一块白色的补丁。其实,作为营养师,只要你足够专业,头发是什么颜色并不重要。在我最好的朋友朱莉娅·佩里的建议下,我把头发剪得非常短。这是我之前从未尝试的造型,但它让我看起来十分前卫,神采奕奕。

在任由白发长出之后,公司一连六个月都没有给我工作机会。那真是一段令人痛苦的时期,似乎我的模特生涯已经结束,我不会再有更多的机会了。

然后,有趣的事情发生了。一位选角导演打电话给我的公司,希望请我上《时代》杂志的封面。这一次,我的公司不能再以我没空作为理由推脱,因为这位导演每天早上都可以看到我在遛狗——她的办公室离我家只有一个街区。

最终,公司让我接下了这份工作,这就是我成为《时代》杂志健康版封面模特的由来。

我意识到,前方仍然有大把工作机会在等着我。我之前陷入窘境并不是因为我的外貌,而是因为我的经纪公司。

我应该为自己制订一个计划了。

每个人都有自己的规划,我希望先抓住一切现有的工作机会。原本应该由经纪公司来促进我的职业发展,但出于某种原因,他们选择了坐视不管。既然我已发现了这一点,那就必须立刻解决它。我绝对不会袖手旁观,任由别人把我的工作机会拒于门外。

我去了经纪公司,讲出了我的想法,因为我想要的东西只能靠我自己去争取。

我的经纪人很愤怒。

"你怎么敢认为我们没为你努力争取机会!"

她在撒谎,这一点我和她都知道。公司唯一为我做的事情就是派我去试镜,然后任由我被拒绝。这样的事情一次次在我身上重演:我到了试镜地点,和其他二十位女性一起排队等候,最后我们都没有得到这份工作。虽然每个模特都会经历这种情形,但经纪公司竟然连一次配角的机会都没替我争取到,这真是糟糕透顶。

我的经纪人拒绝承认这一点,她坚持说就是没有工作机会。而我被这份合同束缚住了。

当一个人身处一个糟糕的工作环境,不清楚接下来会发生什么,无力改变且无法逃脱时,这一切真是可怕至极。工作只会让他痛苦不堪,每天都是愁云惨雾,毫无快乐可言。

一份值得期待和热爱的工作极其重要，因为工作会占据人们醒着的大部分时间！在我的营养师生涯中，我有很多女性律师客户喜欢她们的工作，但不喜欢她们的老板。我之所以知道这点，是因为我发现不快乐和压力让她们食难下咽。我会告诉她们，当务之急是改变现状。无论是去一家新的律师事务所还是自己创业，改变才能给她们带来更多的快乐，也可以让她们有动力吃得更健康一些。我的客户总是说我给他们带来了很多变化，而且我的收费比心理咨询师的收费更低。

我查看了我的模特经纪合同，发现合同中的地域范围其实只覆盖了纽约市。于是，我联系了费城的经纪公司，然后是汉普顿、康涅狄格州、新泽西州、洛杉矶、汉堡、慕尼黑、巴黎、伦敦……我和这些地方的模特机构分别签约，终于得到了一些工作机会。我开始去欧洲拍摄时尚大片，还有头发和药品类的广告。对我而言，这些工作的报酬相当不错。而且，我总是乘坐经济舱来降低旅行时的花销。

在离家更近的地方，我会拍一些商品目录、广告，也会为一些展厅工作。这项工作虽然听起来不大有吸引力，但工作就是工作。我需要向廉价百货公司的客户展示服装。我会在一个迷你纸板隔间内换好衣服，然后马上出来，外面有差不多三十个人坐在那里等着看我的服装展示。那个换衣服的小隔间也是我吃奶油芝士百吉饼的地方，但我每次只能咬一小口，因为我根本没有吃完一整块的时间。

不过，在有最多模特工作机会的纽约，我仍然被拒于门外。我知道我可以做得更好，我也知道阻碍了我的前途的不是我的年龄，更不是我的长相。问题在于我的经纪公司，而不是我！

我必须想办法。我前去公司的候客室，坐在那里一次次地等待，直到他们让我去见经理为止。

我对经理说："我已经六个月没有试镜了，你必须同意让我解约。"

我已经下定决心，如果他们不同意解约，我就一直待在那里不走。最后，他们终于同意了。我应该早点儿这么做。请你吸取我的教训，行动得越早，痛苦越小。那些无法改变的其实也是我们应该尽快摆脱的，哪怕你会因此失去一切，或者你认为可能会失去一切，甚至你的经济状况会因此受到重创。

就在那时，我加入了一家与我合作过的精品经纪公司。对方很高兴能和我一起工作，也很喜欢我的新形象，他们甚至派我去多伦多拍摄杂志专题。这真让人激动不已，因为通常随着模特年龄的增长，愿意给他这么好的工作机会的人也会慢慢绝迹。拍片的经历很酷，但我却有点儿紧张，甚至紧张到姿势都不知道要怎么摆才好！

拍摄目录照时我很放松，我只要做一个快乐的人就好。我不需要把衣服弄皱，也不用把衣服拉到一个夸张的角度。不过，在拍摄大片的过程中，我会接到许多飞舞、跳跃、伸展身体和做疯狂事情的指令。学习必须列入我的计划，所以我开始研究杂志。

我唯一的大片拍摄经验是我在四十五岁的时候获得的。那时一位超模在拍摄特写，我只是后面的一个笨拙的背景。

我飞去了多伦多，却发现我是拍摄现场唯一的模特。

我问："其他模特都在哪里？"

他们回答道："没有其他模特，只有你。"

然后我就进入了一个被设计师、高级时尚品、美丽的衣服围绕的创意世界。他们拍了一套纯白主题的照片，白色外套的造型占据了整整八页。一切是如此美丽。虽然我是短发，造型师仍然想尽办法给我设计了很多种发型。

当我看到成片时，我唯一能说的就是："哇。"

接下来工作机会开始纷至沓来。在我最初搬到纽约时，我带着二儿子金博尔去了时代广场。我抬头浏览了那里所有的巨型广告，并跟他说："总有一天，妈妈会出现在其中的一块广告牌上面。"

然后我们都大笑了起来。现在的我已经在那个位置出现过了：我的第一次亮相是在时代广场的一块十五英尺[①]高的广告牌上。

我和三百位女性一起参加了维珍美国航空公司的广告选角，最后他们选择了我。在拍摄现场有一位年轻的女孩和一位年轻的男孩，这两位年轻模特的脸庞如此美丽，我几乎都不好意思与之

[①] 一英尺约为零点三米。——编者注

交谈。然而在最终的广告牌上,大家看到的是我。六十七岁时,我发现我的照片无处不在:时代广场、地铁、美国的每一个机场。想不看到我的脸就离开火车站或机场?那绝对没门儿!

谁知道我会在头发变白时走红呢?我十五岁时,有人告诉我,我的模特生涯会在十八岁终结,但我却在七十一岁时到达了事业的巅峰。我从中学到的是,你永远可以找到一个前行的方法,你也永远可以制订另一个更好的计划。当然,领悟这些道理需要花很长时间,而且我现在仍然在学习!

之后,另一个巨大的惊喜也悄然而至——社交媒体!我在网络上发的帖子让人们彻底爱上了我的白发。因为我的发色,我也得到了许多模特工作机会。现在,作为唯一一位白发女士,我会很高兴地走进任何一个房间。如果现场有另外一位白发女士,我总是会面带微笑,并说:"我俩真是相得益彰!"

我很确定,一切正在越变越好。每个周一我都比以往更加兴奋,我会满怀期待:前方会有什么有趣的工作在等我呢?不过,即使有时什么都没有,我仍然会兴致勃勃地在社交媒体和网站上发帖,希望这能让我的期待变为现实。这就是为什么我从来不会因为年龄而担忧——

我忙着找乐子呢!

2
如何令人着迷

她很有趣,而不是她很漂亮

五十多岁的时候,我参加了一次美容广告的选角。导演说:"哇,你真的太美了。"

我回答道:"嗯,这不是我能来这里的前提吗?"我的意思是,既然是来参加美容广告的选角,那候选人都应该很漂亮。我觉得我这样挺幽默的,因为我在南非长大,我已经习惯了南非人的种种自嘲。

然而,在场的人都惊呆了,他们一点儿也不觉得我有趣。而那份工作,我连入围的机会都没有得到,因为大家觉得我表现得太鲁莽了。

从那以后,我学会了在面对赞美时,只回应"谢谢你"。

至今我都不明白，为什么美国的每个人都在谈论美貌。在南非，如果你聪明有趣，并且有十足的幽默感，从女性角度来说，大家会认为这比你的外貌更有价值。当人们对我说"你很有趣"时，我会把这个当成对我的过去和现在的最高赞美。那时，人们对我的营养师工作比对我的模特工作更感兴趣，我也在精进科研和演讲能力的同时，让自己的媒体工作和诊所业务齐头并进。总而言之，那时人们更加津津乐道于我的职业道德和专业精神。

在我刚到美国时，我曾打电话给我的双胞胎姐姐凯，告诉她不停谈论美貌的美国人有多么荒谬。

姐姐凯是我最喜欢的人之一。每晚我们都会聊天，不管聊什么，凯都会告诉我她的真实想法。我几乎会向她寻求每件事的建议，大到投资理财，小到我是否该换烤瓷牙（不过她说不要）。她总是在我身边，给予我支持。

凯最大的优点就是从不拐弯抹角，也绝不胡说八道，她只会真诚地告诉你她的想法。

当然，这并不意味着凯是一个严肃的人。平常她总是笑容满面，她是我们当中最有趣的一位。尽管除了自己，凯不会试图取悦任何人，但人们仍然非常喜爱她。只要她一开口，每个人都会情不自禁地围在她的身旁。如果你遇到凯，我相信你也会爱上她。每次有人和她见面时，我都觉得我还是坐在角落里织毛衣更好。遗憾的是，你应该很难有和她见面的机会，因为她简直就是个隐士。

凯说："人们都觉得你很漂亮，即使他们没有当面说出来。只要你走进房间，每个人都会盯着你看。"

我的确从未注意这点，因为我没有四处张望的习惯。我只会看向我即将要去的地方。这让我想起了我早年的一些约会对象，有几个曾这么对我说："梅耶，等我们到餐厅的时候，你可以在我之前进去吗？"

我照做了，然后他们再过来找我，这样就可以让每个人都能看到他们是和我一起的。当然，最终他们还是会跟我分手，因为这就是"外貌协会人士"会做的事。

其实我应该先把这样的人甩掉。想想看，你遇到了一个长相美丽的人，一开始你会相当享受他的陪伴，但如果他没有丰富又有趣的内心，你还是很快就会转头就走。因此，不要相信那些基于外表的爱情，你应该与一个真正爱你的内在的人在一起。

我曾经遇到一对夫妇，先生非常英俊，而太太则长相普通。这个组合看起来十分奇怪，直到这位太太开口讲话，我才发现原来她才是房间里最有魅力的那个人。

她的仪态、自信，还有她对待生活的方式让她显得如此光芒万丈。我们很快就成了好友，这位太太的智慧和幽默让人想一直待在她身边。

每个人都拥有许多不同的特质。我希望我的墓志铭上写着"她很有趣"，而不是"她很漂亮"。

如果你的长相不是那么完美，对外表的过度在意只会给你带来许多不安全感。这很有可能让你不快乐，并阻碍你发现自己其他精彩的潜质，比如你的聪明才智、幽默感和生活情趣。

我的建议是：善待他人，学会倾听，时刻保持乐观，并避免谈论你的悲惨故事。只要你能表现出自信、对他人的尊重和好奇心，再加上笑容，你就可以成为一个很有吸引力的人。每个人都拥有与人分享的天赋。如果此刻的你认为自己一无所有，那么请你回想你的过去，找到那些你对生活的某个部分充满信心的时刻。找到那个部分，研究并分享它，你的人生也会因此更加丰富多彩。如果你有某项专长、爱好或特别的兴趣，请你好好钻研，并在和别人聊天时经常提到它们。投入热情去做这些事，你会因此变得更加有趣和聪明。不必强迫自己成为全能选手，你只需要精通某一项就够了。每当人们问我关于食谱的问题，我都只能表示无能为力，因为我确实不擅厨艺。不过我并不会为此感到难过，烹饪既不是我的天赋，也不是我的兴趣所在。既然我不喜欢烹饪这件事，我怎么可能会去尝试新的食谱，或者以此去取悦他人呢？你应该确保你擅长的是那些让你真正享受的事情。

此外，试着让自己有点儿幽默感，不要对别人的言语过于敏感。当一个男人对我提出约会请求，而我回答"no"（不）的时候，就算他反击说他可以找到比我更年轻的人，我也只会一笑而过。我不在乎他下一个约会对象是什么人，既然我对此人毫无兴趣，我当然也不会为他说过什么而感到沮丧。

我们需要向前看，并且学会取悦自己。如果你能做到谈吐幽默、语调轻快，同时也懂得自嘲的艺术，你会变得更加有趣。当然，我也理解，对于那些正在痛苦挣扎的人来说，让他们闭口不谈自己的悲惨经历会有多么困难。不过，你必须改变！你一定可以成为一个更有魅力的自己。

3
让外表和内心一样"胸有成竹"

一件好的基本款是衣品的基础

    我过去每年最多会隆重地打扮一到两次——为了我的生日，或是某个婚礼。六十七岁时，作为埃隆的嘉宾，我参加了一场规格极高的时尚盛典——纽约大都会艺术博物馆慈善舞会。直到那时我才知道，原来走上红毯需要做如此精心细致的准备，盛装打扮的感觉是如此迷人。我走得更加自信，站得更加笔直，我朝着每个人微笑，脚步里充满了源源不断的活力。

    优秀的时尚团队值得被感谢，在明星们走上颁奖典礼、电影首映式红毯的背后，饱含着他们的无数努力与汗水。设计师、造型师和造型师助理殚精竭虑，只为了在那一刻使你的装扮更完美。但你可能还未意识到，完美的内衣才能让你的礼服裙完美地出现在大众眼前。同时，配饰也发挥着举足轻重的作用，每种造型无论端庄或高调，对它来说，配饰都是必需品。此外，每次出场时你的发型必须有所变化，这样人们才能看得出你对待所有的活动都非常认真。化妆师将为你做出决定，到底是自然效果的裸妆（这仍然需要化一个小时），还是戴上假睫毛、可以凸显轮廓的魅惑妆容更适合你。现在我已经深深明白，这一切都是团队力量的结果。你也应该能从明星们的身上意识到这一点。

因为朱莉娅·佩里，我在参加活动时才能够如此光彩照人。她既是我近三十年来最好的朋友，又是我一直以来的造型师，至今仍然在负责为我装扮。

我在四十三岁的时候认识了她。那时我刚在多伦多拿到第二个硕士学位，同时也在努力创建自己的营养诊所。事实证明，模特工作帮了我的大忙。一家经营模特学校的机构承诺，如果我愿意在他们那里做模特，同时也负责晚间课程教学，他们就给我提供一间免费的办公室。我需要教授的内容是 T 台（时装表演时供模特用的狭长表演台）走秀、平面广告和模特专业知识。我第一次在家以外的地方拥有了专属的办公室，这一切令我兴奋无比，我终于感觉自己有点专业人士的样子了。

我上任之后仅仅一个月，这家机构就来询问我是否愿意成为模特学校的校长。因为之前负责该项目的女士把学校管理得十分混乱，而我可靠、准时的优点让每个人都十分认同。于是，我顺便提出也想教授服装课程，因为我在南非有过相关的经验。但我首先得确认，对于如今的教学来说，我拥有的知识量是否足够。

于是校方请来了一位专家。在她开口的那一刹那，我就意识到我在服装方面可以说是一无所知。随后她开始谈论不同季节所对应的服装的不同颜色和质地，这简直让人佩服得五体投地。

我就这样认识了朱莉娅。那时她对我也有她自己的看法。

"这位模特学校的教师很漂亮，"她说的这个人就是我，"她是一个很棒的模特，但是她的穿着品位实在糟糕——简直是糟糕透顶！"

尽管我现在已经可以紧跟潮流来穿着打扮，但是在过去大部分的日子里我却并非如此。当我还是个孩子的时候，我母亲为我们所有人缝制衣物，包括她自己的衣服。十多岁时我也开始自己动手，因为那时我已经学会了如何缝纫。我给自己做过喇叭裤和蓬蓬裙，甚至还亲手做过一套西装。起初我都是照着衣服的样子做，后来母亲送我去上了样板剪裁课，这样我就可以制作那些图纸上没有，但已经被刊登在杂志上的款式了。总之，在过去，如果我想穿得更加时尚，我就必须亲自动手。

作为一名专业人士，我在工作时的穿着只有西装一个选项。任何凸显身材曲线或过于紧身的款式都会被我拒于门外。因为我坚持认为，我此刻的身份是一名咨询师，并不是服装模特。西装让我感觉良好，它可以让我自信地走进任何一个房间。我觉得这样的打扮既时髦，又使我看起来值得信赖。

我的女儿托斯卡曾经问我："妈妈，你是打算再穿一次灰色的那套西装，还是海军蓝的那套呢？"

因为我的穿着始终如一。

其实我一直很注重自己的形象，我只是品位不佳而已。不幸的是，我当时完全没有意识到这一点。我怎么意识得到呢？那时我身边环绕着的全是科学界人士，我们只会把精力投入在研究，还有如何为他人提供帮助上面，例如怎样让人们保持健康。工作才是我们关注的焦点。当然，比起我的科学家朋友们，我看上去还是相对时尚一些。因此，那时所有的同事都觉得我的打扮十分迷人，我也对此充满自信。

直到我遇到了朱莉娅，她让我意识到，我有必要提升自己的衣品。她坚持认为，与其拥有一堆无用的西装，还不如只有一套合身且面料高级的。同时她也告诉我，她可以帮我更新衣橱。我需要朱莉娅的帮助，但我付不起她的服务费用，所以我们最后达成协议，我可以用营养咨询服务来换取她的时尚建议。直至今日，我仍然是朱莉娅的营养师，她完全赞同我改善了她的饮食习惯这一说法。而我则认为，她给我的建议改变了我的整个人生。

在遇到朱莉娅之前，我并不完全明白怎样成套搭配才最好看。但有了她之后，我的外表终于看上去和内心一样自信了。我确信，我在两份职业中获得的成功都与她的着装建议密不可分。

朱莉娅到了我家，对我衣橱里的衣服进行逐一检查。新官上任三把火，在勉强留下几件之后，她扔掉了我其余的全部衣物。

朱莉娅说："现在你必须去买一套西装、两件衬衫、一双鞋和一个包。明白了吗？"

我说："我什么都买不起。"

她的回答是："你必须看上去和你的客户一样棒。"那时我还在为挣钱苦苦挣扎，所以我们决定分阶段实施购物计划。其实我并不需要太多衣服，因为客户每周只见我一次，我没有必要每天都换装。

当我第一次穿上那套剪裁合身、面料精美的衣服时，我的确感受到了一种前所未有的自信。

随着收入的增加，朱莉娅也希望继续帮我升级衣橱。但那时我完全腾不出来任何时间——工作堆积如山，我根本没有空闲时间购物。

朱莉娅对我说："请你停工一小时。"

百货公司离我的办公室很近，因此她会先去那里，把她认为我重点需要的东西都找出来，比如我的第二套西装、鞋子、衬衫、休闲装和外套等。而我一到休息时间就会飞一般地赶过去，把那些挑好的衣物快速试一遍，然后在不得不返回办公室的前一刻，给所有最终的选择付款。每两个月我们就会重复一次这样的过程。周而复始，这就是朱莉娅如何一步步打造出我的衣着风格的过程。

如果你希望变得时尚，但又感觉这门艺术复杂无比，那你应该向我学习，先去找一位品位优秀的朋友。这样的友人通常热爱购物，让他们在购物的时候带上你，从基本款开始添置，然后再购入特别场合也能用到的时髦款式。同时请他们帮忙为你选择配饰，例如耳环、项链、包、鞋子、袜子……改变需要你从头发武装到脚趾。当一开始看到他们的选择时，或许你会感到不舒服和奇怪，我一直以来也有这样的感受。但是我在改变后收到的赞美是如此之多，以至于我不得不相信他们就是比我有品位。我们要做的是：追求改变，无惧犯错，反复调整，直到找到适合自己的风格为止。

在我人生的大部分时间里，我其实并不富有，但我仍然试图凭借有限的衣品让自己的穿着显得更时尚一些。你可以借鉴我过去使用多年的方法：找一份时髦的服装图样，买一些物美价廉的衣料，然后自己动手，这样你就能在有限的预算内拥有一套漂亮的衣服。当然，前提是你得有一台缝纫机。你也可以去便宜的服装店或打折店，记得邀请一位有品位的朋友和你一起，这样她就可以帮你挑选。我刚到多伦多时，一位朋友带我去了一家折扣店，然后她让我花十美元买了我四十二年人生中的第一条迷你裙。穿成这样让我觉得尴尬无比，但大家都表示这样穿非常有魅力。人们总是认为美丽的背后需要大量金钱支撑，但作为一个曾在财务困境中挣扎多年的人，我建议大家把时尚购物列入每年的预算，这笔开销类似于定期理发或看牙医。如果你有一年两次各五百美元的购物预算，那么你应该去寻找那些物美价廉的打折店、二手衣物店或租赁店，这些地方可以让你买到至少两到三套与自己工作和生活方式匹配的衣服。照我说的做，只要制订好计划，你在时尚方面的投入就会显得非常有价值。

我的计划是：一年两次，我会邀请我的朋友朱莉娅来我的公寓帮我打理衣橱。我们一起做"断舍离"，只留下那些最好的和最基本的款式。你要做的是，先把衣橱和抽屉里的所有东西都拿出来放到外面，最后只放回那些真正适合你和你喜欢的款式。同时，记得去修补那些值得修补的衣物。

精简衣橱，直到只剩下那些你心爱的、可以让穿搭从苦差事变成一种乐趣的衣服。很多人喜欢阅读时尚博客，也愿意花上几个小时去试穿和购买衣服。我能理解他们的喜好，但这不适合我！穿着精致的确会让人心情很好，但我并不想每天为此花费很多时间。这就是为什么我常常会这么做：拿出所有不再穿的衣服，然后把它们放入"成功着装"组织的捐赠袋。这些衣服质地良好、干净整洁，只是不再适合我而已。我相信它们应该能让收到的人感到高兴。之前在多伦多时连一件外套都买不起的我如果也能收到这些衣服该有多好！

如果你没有定期整理衣橱，很可能挂在你衣橱里的一半衣物都会显得太小、太大、缺乏保养，或者不再适合你。对于穿着来说，合身是最重要的，因为衣服太大会让人显得十分邋遢，衣服太紧则会让人看起来很糟糕。

朱莉娅和我一致认为，一件好的基本款是衣品的基础。你可以在此基础上添置一个金色的发箍，或者一条漂亮的牛仔裤，再配上一双很酷的靴子。从日常款，也就是那些你每天穿搭都可以用到的衣物开始购买，比如一条性感的百搭黑色牛仔裤，可以搭配毛衣或纽扣衬衫的人造皮紧身裤，一件质地上佳的灰色羊毛外套或风衣，几件质量好的T恤衫或者一副百搭的耳环。如果你刚刚开始打造你的衣橱，或者你想要自己的形象加速蜕变，你可以尝试投资一件很棒的上衣或夹克，它既能跟你以往的单品搭配，也能为你现在的造型增添光彩。

一旦你有了基本款，在此基础之上的色彩叠加就会变得乐趣无穷。你可以加上一件绿色或粉红色的开襟羊毛衫，或者任何可以叠穿的衣物；一条时髦的腰带也是个好主意，这甚至可以让一件风衣改头换面！高品质的皮革制品可以衬托出你身上衣物的质感，给你的形象加分。朱莉娅在一开始整理我的衣橱时就把我之前的包扔得一干二净，然后用一个质量很好的皮包取而代之。虽然那时我的预算十分紧张，但朱莉娅教会了我质量比数量更加重要的道理。我已经懂得，用一件好的单品来宠爱自己是多么正确。不要对此内疚，只有这样做才能让你在经久耐用与时尚新潮之间找到平衡。你会发现，其实你完全没有必要购买很多新的衣物，一件好的单品可以让你反复使用很长时间。

我想通过这个故事告诉你，打扮时髦并不意味着你得亲自了解时尚，你只需要有一位时髦的朋友。

有时候我会碰到一些跟我一样白发苍苍的女性。她们会说："我喜欢你的裙子！"

"好呀，你也可以这么穿！"

她们的回答通常是："我做不到。"

无论是否处于我这样的年纪，很多女性就是不敢尝试。我很了解这一点，因为我曾经也是如此。

当朱莉娅说："穿这个试试看！"

我会回答："不，我做不到！"

我尝试过拒绝，但朱莉娅决不让步。在准备每一个我的大型生日聚会的时候，无论我怎么抱怨衣服太紧或太高调，她都对我不理不睬。我非常高兴她没有理会我，因为照片上最终呈现出来的效果非常惊艳！

这就是为什么我现在总说"yes"（好的）。我已经意识到，只要敢于尝试，我就有可能会爱上这件衣服。而且，就算不喜欢又能怎样呢？那不过是一件衣服而已。为什么不去尝试一下那些让你害怕的造型？反正以后也不会再试第二次，而且你也不需要永远穿着那件衣服。

过去那个畏首畏尾的我已经脱胎换骨。随着那些充满创意主题的大片拍摄邀请不断向我涌来，我的造型也更加大胆，常常出人意料。现在的我对时尚有了更多的好奇心，我甚至也越来越敢于冒险，我可以坦然地把自己的造型交到我的高级造型团队手中。虽然很多时候，在参加活动之前，我看着镜子里的自己还是会感到迷惑:"我的造型师到底在想些什么?""我真是无法理解这样的打扮。"但是,我已经感受到了时尚的乐趣所在,也非常享受那些来自摄影师、朋友和陌生人对我的赞美:"您真不像七十多岁的人啊!"——我真应该早点改变自己!

一旦你收获赞美,你就更加会感觉良好,走路时更能昂首挺胸,拥有更多灿烂笑容,更加适应自己的全新造型。还不赶紧试试看?

4
我爱化妆

不必假装年轻,好好利用化妆这项工具

魅力人士绝不会让自己在亮相时显得黯淡无光!我喜欢化妆,因为它可以把我的如同一块空洞画布的素颜变成一件艺术品。我的脸上有不少雀斑,眼底也有黑眼圈,当然,还有皱纹。品质良好的粉底和遮瑕膏能够使我的肤色变得均匀,化腐朽为神奇。我的眉毛和睫毛非常稀少,嘴唇也挺薄的。眉笔增加了我脸部的立体感;眼妆让我的双眼看上去更大、更有神;睫毛膏是提升眼妆效果的必需品;假睫毛让我光彩四溢,仿佛我已经做好了下一秒就走上红毯的准备;用来勾勒唇形的唇笔使我的薄唇变厚,口红的光泽则使我的嘴唇显得更加丰满。我的皱纹减少了,眼睛更大了,轮廓更美了。这就是我需要化妆的原因。

眼影和口红的色号是如此之多,它们可以让你的每个造型都与众不同。尝试不同的色号如同进行有趣的实验，每次我在看到完成品时都感觉特别棒。

我从十多岁起就开始化妆了。二十世纪六十年代我就开始研究杂志上的崔姬①，不过模仿她的样子非常耗时耗力。我需要在眼皮的褶皱上画出一条黑线，在上眼睑缘贴上整排式假睫毛，在下眼睑缘贴上单株假睫毛，然后再用睫毛膏刷一刷下睫毛。完成全部妆容需要一个小时，但我乐在其中，因为整个化妆过程非常有趣，而且可以让我看起来漂亮时髦。不过，我父亲会走过来说："怎么那么夸张！"

关键在于，我们必须紧跟时尚潮流，并寻求突破创新。因此，当自然妆容开始流行时，我就得彻底改变我之前的化妆习惯。在二十世纪六十年代，为了模仿崔姬的妆容，大家都在追求很细的眉形。那时被我用镊子拔掉的无数眉毛现在再也长不回来了。要知道，我的眉毛本来就不浓密，但是那时我把能拔的都拔掉了。

潮流一改变，我就得学会怎样把眉毛填上。

至今我都还在填补那些空缺！这就是化妆的乐趣。虽然我对描眉还是不够擅长，但至少它是一种可以让眉毛变回来的方式！

现在我已经七十一岁了，我仍然会为了走红毯或走秀盛装打

---

① 崔姬（Twiggy），一九四九年九月十九日出生于英国伦敦，二十世纪六十年代最有影响力的模特之一。她的出现如同一场革命，彻底改变了人们对美的定义及对眼部的化妆方式。——译者注

扮。但我的日常可不是这样的！我在家的大部分时间都不会化妆，洗完脸后我顶多会涂点儿唇膏。无论是遛狗、在电脑前工作还是去学校接孙子，我都是素面朝天。只有外出吃午餐、参加朋友聚会或者去开会的时候，我才会化妆。

我的化妆步骤总是从清洁和保湿开始。我的皮肤保养程序非常简单：我在家会用洗面奶洗脸，旅行时则用香皂和水。然后我会涂上眼霜。在出太阳的时候，我会选择防晒系数至少为十五的保湿面霜。晚上我先卸妆、洁面，再涂上眼霜和晚霜。

记住，随时要涂防晒霜！愿不愿意化妆无所谓，但如果你跳过防晒步骤，那你是在自找麻烦。我都数不清有多少女性一边为自己的皮肤状况焦虑着，一边却让皮肤毫无保护地暴露在阳光下。我管这个叫"随意护肤"。无论是戴上帽子还是涂抹防晒霜，我们保护皮肤的最佳方法就是防晒。

除非走红毯，其他时候我都是自己化妆。我的化妆技术对于走红毯来说还是过于业余了，只有专业人士才能把我变得魅力四射。他们有时会给我涂上绿色的眼影，有时会加上金色的点缀。对一位七十多岁的女性来说，这些真可谓神来之笔。感谢社交媒体对我的积极评论，这给了我继续尝试的动力。我常常会听到这样的话语："前卫"、"火辣"、"GOAT"——"Greatest of All Time"（史上最佳），还有"OG"——"Original Gangster"，它的意思是"时装大佬"。这些评论真的太有意思了。

我自己化妆只会用十分钟，而化妆师则通常需要一个小时。我就算花上一个小时也没法儿化出那样美丽的妆容，因为我实在没有那种天赋。化妆师才是真正的艺术家！而我只是一名科研人员，并没有艺术家工作所需的天赋。但是对于那些不是艺术家的人来说，他们如果能有一些简单的工具并学会如何使用，也可以在化妆方面成就斐然。我认识一个化妆大师，她有一个装满各种化妆品和化妆工具的箱子，那个箱子足足有五十二磅①！而她总是把那个箱子随身带上飞机。尽管每次总要支付超重的费用，但她绝对不能没有那个超重的化妆工具。因为化妆是她的工作！

我很幸运拥有朱莉娅这样的朋友，她是我每次出席重大活动时的艺术总监。我们会一起决定当晚我的造型，然后她会反复考虑各种细节，确保我能够脱颖而出。

我的头发怎么设计？应该怎么化妆？需要一个全新的造型吗？眼影需不需要显得更隆重一些？口红需要更艳丽一点儿吗？她可能会用到金色、紫色或蓝色的化妆品。同时她也会考虑我们将要出席的场合，因为妆容必须跟环境完美匹配。是去电影节、新书发布会还是慈善活动？然后我们再据此开始工作。对我来说，这一切就像梦幻的化装舞会一样。

六十九岁时，我被彩妆品牌"封面女郎"选中拍广告，这真

---

① 一磅约为零点四五千克。——编者注

是一个巨大而奇妙的惊喜。尽管我之前拍摄过化妆品广告，但我从未担任过一次主角。我太兴奋了，这意味着在如今的美国人眼里，所有年龄段的人都可以化妆。当然，我从来没有被别人要求假装年轻，也从未感到有必要隐藏自己的真实年龄。我很高兴我能活到七十一岁！我也很乐意让人们知道，这个年龄段的我们可以看起来有多棒。化妆可以改善女性的外表，让我们将它好好利用起来！

5
信心游戏

进退有度，有时靠挺直腰杆来假装自信很有必要

在漫长的一生中，人的自信会多次被击倒，有时靠挺直腰杆来假装自信是很有必要的。总之，把这当成一场游戏吧。优美的体态是我的家传。我的母亲是一名舞蹈演员，父亲是一名脊骨神经科医生，祖母也是加拿大最早的一批脊骨神经科医生之一。我和我的兄弟姐妹很早就意识到了体态良好的重要性，并因此延续了家族事业。我的姐姐们后来成为舞蹈老师，哥哥斯科特则成为一名脊骨神经科医生。我们家族中的每个人在走路时都会挺直腰杆，平视前方。

每年，我的父亲都会在他诊所的前院举办一年一度的"走路比赛"。我从未听说其他任何地方举办过这样的比赛，我的父亲真是个伟大的市场营销者！彼时他会邀请他的所有病人和他们的朋友去他诊所前院的大花园，我的母亲则会提前烤很多馅饼，然后把它们冷冻起来。我们有一个超级大的冰箱，大到让母亲感觉她甚至可以用这个储存能喂饱一千人的馅饼。当然，她还会提供咖啡和茶水。等到客人都坐在花园里时，比赛才会开始。最后，我们会向获胜者颁发最佳体态的获奖证书。每位到场的人看起来都是如此的自信和快乐！

人们一直都在夸赞我的优雅体态，以为这是我受过模特训练的缘故，但事实并非如此。这其实是我的家族给予我的礼物。如果你看到有人姿态优雅地行走，难道你不希望自己也能如此吗？是的，你当然可以，只要你愿意练习。无精打采的姿态只会让你看起来悲伤和恐慌，而当你开始昂首阔步时，你会显得既坚强又自信。因此，如果你希望从里到外都信心满满，请从练习更好的体态开始。身体站直，肩膀向后靠，脸上露出愉快的表情。当别人和你讲话时，请直视他们，不要把目光移开。你可以把这个称作"信心游戏"。

除了体态，礼仪也很重要。我成长在父母总是轻声细语、举止优雅的家庭氛围中，大概因为他们是加拿大人，他们俩总是那么彬彬有礼、体贴周到。我之前所在的模特学校也有专门的礼仪课程，我在那里学会了如何在餐厅点菜，以及怎样使用刀叉。

餐桌礼仪让我一生都受用无穷。当我在南非布隆方丹的模特学校做老师的时候，我也教授过礼仪课程。这门课的学员不仅包括模特，还包括当地的大学和其他学校的家长送来的孩子，大家都希望学会如何做到举止优雅。

对于我所教授的模特们来说，礼仪课程的一个重要部分就是：工作守时、说话条理清晰、举止落落大方。当你进退有度的时候，你肯定会感到更加自信，也能给别人留下你很自信的印象。每当我看到某人举止优雅，我的欣赏之情就会油然而生。其实，养成良好的礼仪习惯并不难！

对于我的儿女，还有我的孙子孙女，我期待他们能够自信、文雅，同时也拥有良好的体态和礼仪。我希望我能像我的父母一样，为他们树立一个好的榜样。

我的大儿子埃隆有五个儿子。在搬到洛杉矶之后，我发现每次家族聚餐都像灾难现场。你可以想象，每个人都在同时开口说话的环境会是多么嘈杂。

我发话了："从现在开始，每周我都需要和每一个孩子单独待上三十分钟。"于是，每周五下午我都准时出现在他们家，我们会坐在一起讨论学校的功课、他们的计划和他们感兴趣的一切。有时我只会陪他们玩一会儿游戏，或者给他们读一本书。

然后我把孩子们带到餐桌边，向他们展示如何优雅地用餐，礼貌地说话，耐心等到合适时间再开口说话，停止对其他人大喊大叫。"咀嚼的时候请把嘴巴闭紧""嘴里塞满东西的时候不要说话"……这些都是我的叮嘱。我还向他们展示了如何正确使用刀叉。让人惊喜的是，孩子们全都学会了！

此外，我也教给孩子们一些其他诀窍："每次用餐以后，请你们把自己的，还有我和你们爸爸的餐盘送到厨房。另外，与其争相嚷嚷着告诉父亲你们今天做了什么，不如先向他问候，了解他今天过得怎么样。"

到下一次我们一起吃晚餐时，孩子们都表现得非常得体。在埃隆进来并坐下之后，孩子们中的一个开口问他："您今天过得如何？"

埃隆看上去惊呆了。

他的另一个儿子说："我能先问个问题吗？"

然后另一个说："不，我想先问！"

噢，这一切真是太好玩儿了。

接下来，孩子们开始争论应该由谁负责把父亲的盘子拿到厨房，直到我宣布从此由他们轮流收餐盘。

几年后的现在，他们都成为非常有礼貌的孩子，这让我打心底里替他们感到骄傲。

当你举止得体时，人们会更容易接受你，这会比大声喧闹和到处蹦跶更令人印象深刻，也会让其他人喜欢让你待在他们身边。

即使你天生自信，但在真实生活中，你的信心仍然有可能一次次被击垮，再被重建。最好的情况是，我们状态低迷的时间能够随着年龄增长逐渐缩短。到了七十多岁这个年纪，你可能会以为我已经不再那么自信。但其实我此时的信心更胜以往，因为我不再担心被拒绝或被侮辱。在整个模特生涯中，我被拒绝的次数可以说是数不胜数。如果你正处于心灰意冷的状态，请一定要找到让你萎靡不振的原因。许多女性会妄自菲薄，那是因为她们认为自己可以做好每一件事，但她们只要受到一点点苛责就会被打倒在地。有时候，压力太大反而会导致一事无成。你应该去精进那些自己擅长的事情，不要试图让一切十全十美。

在学生时代，我的成绩非常好，但即使我在做每项体育运动时都很努力，我的运动成绩还是那么糟糕透顶。我的双胞胎姐姐凯在学业方面不太擅长，但她却是一位天生的运动健将。我们始终为彼此感到骄傲，也欣赏彼此的成就。显而易见，我们俩都不会因为互相攀比而垂头丧气，因为这世上没有人可以做到十项全能。

如果你平时很自信，但你的信心忽然在某个糟糕的日子消失殆尽，你应该分析一下那天会如此糟糕的原因。是什么让你萎靡低落？是不是某人出口伤人？他们是否意识到这对你是一种伤害？为什么你会受他人的评论影响？在职场中，有时你难免会发现别人在某些方面更加优秀，而且这些方面很可能是你求之而不得的。此时你应该做的是，更加努力地发挥自己已有的才能，同时向这些更有经验和更优秀的人学习。

在我离婚之后，通过找到一栋温馨的住所，抚养乐观向上的孩子，结交友善的新朋友，还有在营养师和模特两个职业上获得成功，我终于找回了久违的自信。

重拾自信可能需要你做出彻头彻尾的改变。持续的情绪低落于事无补，你需要与那些完完全全欣赏你的家人、朋友和同事待在一起，这样你才能做到再次昂首挺胸，勇往直前。

拥有良好的心态，善于制订计划，并敢于冒险

冒险

关于

第二部分

6
决不随波逐流

走自己的路，不必总是遵循别人对你的期望

大多数人都选择循规蹈矩，但我那特立独行的父亲不愿随波逐流——他的梦想是环游世界。

我的父亲乔舒亚·霍尔德曼一直醉心于探索世界。开车远远不能满足他，因此一架贝兰卡飞机成为我们的家庭成员之一。这是一架帆布蒙皮飞机，装有一个螺旋桨。它被命名为温妮——我母亲的名字。

我母亲的名字叫作温妮弗雷德，不过大家都叫她温。她的才华只能用光芒四射来形容。随着年龄渐长，我越来越觉得母亲是如此的非同寻常。

我的外祖父母从英国移民到加拿大，我母亲在一个名叫穆斯乔的小镇长大。一七二七年，父亲的家人从瑞士移民到了美国费城，但他在明尼苏达州出生。在我父亲四岁时，他随家人搬到了加拿大萨斯喀彻温省的沃尔德克，以经营农场为生。

我的父母是在大萧条时期之后结识的。加拿大的大萧条时期非常糟糕，为了子女，人们不得不去排队乞讨食物和基本的药物。那时大家都在绝望中苦苦挣扎，甚至经常只能靠以物易物来维持生计。为了去艾奥瓦州的达文波特学习脊骨神经医学，父亲曾经用马匹来换取住宿，并通过给别人做脊椎按摩来换取食物。我母亲十六岁时就在《穆斯乔时代先驱》（*Moose Jaw Times-Herald*）报工作。作为该机构仅有的两名员工之一，母亲能够保住工作是因为她一直只拿最低薪酬。靠着我母亲微薄的周薪，她的家人得以全部生存下来。

母亲在二十多岁时接受了专业舞蹈的培训，并前往芝加哥、纽约和温哥华继续学习舞蹈和戏剧。你能想象在那个年代，作为一位单身女性，她所经历的漫长的火车旅行是什么样的吗？那可是真正的冒险！

大萧条时期之后，我的父母都搬到了加拿大萨斯喀彻温省的里贾纳，并开始了各自的事业。父亲那时开了一家脊椎按摩诊所，母亲则开办了一所舞蹈学校。我曾在当地的报纸上找到了一些新闻报道，上面有她跳舞的照片，还能看到她的学校及所有的学生。

父亲前来学校学习交谊舞课程。他迷恋上了母亲，并邀请她共进晚餐。

母亲刚开始回绝了："我从不和我的客户约会。"于是父亲退掉了他的课程,然后再次提出了晚餐的邀约。这次母亲答应了。

他们的结婚照看起来非常沉闷,因为那时两人在经济上都十分拮据。母亲穿着朴素的灰色套装,而父亲则一身西装。母亲一直都是自己做衣服,因此他们的结婚礼服也很可能是她自己缝制的。然而这一切并没有阻碍他们幸福地生活,无论发生了什么,他们总是从一开始就积极面对。

在里贾纳,我的父母有了四个孩子。我的长兄杰里来自父亲的前一段婚姻,他跟父亲长得特别像。然后我的哥哥斯科特、姐姐琳恩相继出生。一九四八年,我和我的双胞胎姐姐凯也来到了这个世上。

也就是在我和凯出生的一九四八年,我的父母得到了一架贝兰卡,这也是他们的第二架飞机。第一架勒斯科姆是他们开车从里贾纳去卡尔加里的途中买的。父亲看到这架飞机停在一个农民的田地里,上面挂着"出售"的牌子。那时他手边只有自己开的那辆车,没有任何现金。于是,他把我母亲送上了回里贾纳的火车。他用车去跟农民做了交换,然后雇了一名飞行员把他和飞机一起送回里贾纳。

不幸的是,父亲晕机了。他在大萧条时期训练过马匹,这次晕机可能是他那时遭受的内耳损伤引起的。飞行员不得不一次次地把飞机降落在公路上,直到父亲准备好后再开始起飞。不过父亲在开飞机时从来不会晕机,他只有在当乘客时才会感觉不舒服。

那时父亲四十四岁。

父亲经常开飞机去加拿大的萨斯喀彻温省和艾伯塔省溜达。他曾有一次飞到洛杉矶，但由于浓雾弥漫，他差点没法儿看清机场在哪里。那时的导航系统根本不像现在的这么先进，甚至可以说和现在的有着天壤之别！还有一次，为了飞过落基山脉回家，他不得不一路紧随一位丛林飞行员。

我第一次乘坐飞机是在我三个月大的时候，父母带着我和我的双胞胎姐姐凯去艾奥瓦州参加一个会议。我们中途在埃德蒙顿有过短暂的停留。我之所以知道这件事，是因为当地的报纸当时刊登了我和凯的照片，他们称我们为"会飞的双胞胎"。

父亲真的很了不起。他无所畏惧，敢于冒险，我们毫无保留地信任他。

他就是以身作则的最佳范例，永远努力工作、体贴周到、心地善良。在我心里，父亲就是一位温文尔雅的巨人，而且从不会多说一句废话。我的孩子们不记得外祖父的样子，因为他在两个外孙很小的时候就去世了，而那时托斯卡还在我肚子里。不过，我的三个孩子都经常吹口哨。我喜欢他们吹口哨时的样子，因为这会让我想起我的父亲，过去他总是哼唱歌曲来逗我开心。直到现在，我都认为吹口哨或哼唱意味着开心。

一九五〇年，我的父母决定离开加拿大。一些去过南非的传教士向他们描绘了那里的美丽景色。于是他们把飞机、一九四八年产的凯迪拉克汽车，还有我们所有的财物打包寄走，然后带着我们上了一艘货船，我们用了整整两个月才抵达非洲。我无法想象母亲是如何在船上照看好两个两岁的双胞胎，再加上两个分别为六岁和八岁的小孩的，但她居然做到了。

因为父亲一直包揽有关飞机的一切，所以他顺利地拆掉了机翼，把它放在一个板条箱里运到了开普敦。然后，当我们在机场露营的时候，父亲则在一旁重新把机翼装上，这样他就可以继续四处探索翱翔。那些装载过飞机的板条箱也一直伴随着我们，箱子的木头变成了父亲后来开设的诊所中的家具，其中有几个书架甚至被使用了数十年。

那时父亲想住在内陆，所以人们建议我们搬到以讲英语为主的约翰内斯堡。邻近的比勒陀利亚貌似并不适合我们居住，因为那里的人都只会说南非荷兰语。

但当我们从比勒陀利亚的上空飞过时，正值蓝花楹[①]的花期，整个城市都被这种美丽的花朵覆盖。

父亲从来没有见过如此美丽的景象，他说："我们就待在这里吧。"

于是比勒陀利亚就成了我们长大的地方。我们居住的房子旁边有一棵大树（这在加拿大萨斯喀彻温省的草原上很少见），周围

[①] 蓝花楹，紫葳科落叶乔木，高达十五米，每年夏、秋两季各开一次花，花开期间满树紫蓝色花朵，十分雅丽清秀。——译者注

的人们和蔼可亲。不管是否认识，阿非利卡人称所有成年人为叔叔或阿姨（发音分别是"Oom"和"Tannie"），我们觉得这一点非常可爱。

在加拿大时，人们认为我们全家都是疯子。因为我的父母会带着小孩，开着他们的帆布蒙皮单螺旋桨飞机四处飞行，这在当时当地简直是闻所未闻。在我们搬到南非之后，当地人都认为我们得了失心疯，有一个人甚至直接叫我们"疯狂美国人"。（当然，我们是加拿大人，但这对他们来说没什么差别。）

大家认为我们很奇怪，因为我们总是按自己的方式生活。他们这样大惊小怪，倒并不仅仅因为我们是外国人，要知道，我们在加拿大时也是这样我行我素。我们之所以显得跟周遭如此格格不入，是因为我们一家频繁地旅行；我们穿的是由母亲制作的校服，不像其他孩子一样在外面购买校服；我们喝的是煮咖啡而不是茶；我们家的后门总是敞开，任何人随时都可以进来拜访，不像其他父母一样要精心安排一番才邀请别人来拜访；我们的午餐三明治搭配的是黑面包，不像其他人的学校午餐是白面包三明治。而且我的父母从来不给我们钱买零食。虽然香肠卷和康沃尔馅饼看起来让人垂涎欲滴，但我并不想把零用钱用（浪费）在这个上面，因此我也很少吃这些东西。而且我们家有一辆车，这是当地唯一一辆进口凯迪拉克，后来我父亲的一位朋友也买了一辆这样的车。当然，我们还有一架飞机。据我所知，除了父亲的一位朋友，其他人都没有飞机。

父亲从来不会人云亦云。只要有梦想，他就会采取行动。母亲也是这样的人，她甚至在遇到父亲之前就已经拥有了自己的事业和人生目标。

在我五岁的时候，父母从比勒陀利亚乘飞机去奥斯陆参加一个脊椎指压治疗会议。他们借此机会游览了非洲的其他地方，还去了西班牙和法国。为了拜访我父亲认识的几位脊骨神经科医生，他们在伦敦也逗留了一阵子。

在我六岁的时候，他们开始计划去澳大利亚旅行，这一趟往返的总路程超过三万英里①。理所当然地，来回都是我的父母自己驾驶飞机。这就是我父母的生活常态，跟我们的邻居大相径庭。而且他们异于常人的举动还不止这些，例如，他们采用的导航工具是指南针，因为飞机上既没有 GPS，也没有无线电。不过我的父母会为每一次旅行计划周详。防患于未然是他们的一贯原则，因为他们深知任何事都可能会出错，所以他们必须对一切突发状况做好准备。在没有 GPS 的情况下，仔细研究地图是很有必要的。飞机上也没有无线电，因此他们只能全靠自己。这段远距离的旅行需要消耗大量的燃料，而且需要在横跨大洋的空中加油，我父母不得不拆掉飞机的后座来放油箱。他们也带上了所有可能用到的工具，以便让懂修理的父亲解决飞机上出现的任何问题。

小心谨慎是有必要的，父母平安地完成了一次次飞行。他们

---

① 一英里约为一点六一千米。——编者注

查看、参考天气状况，同时使用指南针和地图导航。有时他们会在城镇上空低空飞行，目的是识别标识，确认这里是否适合飞机降落。有时他们甚至会因为当地没有机场，被迫降落在运动场或街道上。我的父母可比我勇敢多了。现在我才意识到他们的行为是多么了不起，而且令人惊喜的是，他们竟然都平安地活了下来！

制订计划并不意味着一切都会顺利。但是如果事情出了差错，你至少可以有思路制订另一个计划。

他们的旅程包括飞越非洲海岸、亚洲、太平洋，然后再回到原点。至今我们仍然保留着那时的地图，上面标明了我的父母和飞机温妮一起飞越太平洋的路线。

在那个时期，他们周游了六十个国家。每降落到一个新的地方，那里的地名就会被他们喷在机翼上。

当父母不在身边的时候，还是孩子的我们只能自己照顾自己。即使在那个年代，他们的行为看上去也是相当另类的。

我和我的双胞胎姐姐那时只有四岁，但我们可以一起牵着手步行上学。七岁的姐姐琳恩会和我们一起出发，她带着我们穿过三条马路，路程总共大约半英里。不过由于我们的托儿所比她所在的学校远三百码[①]，我和凯只能自行走完最后一段路程。放学的时候，我们会直接走到琳恩的学校等她，然后她带着我们一起回家。

我们从小被鼓励要自食其力。

[①] 一码约为零点九一米。——编者注

我的哥哥斯科特至今还记得他和父母的一次旅行。他们一起飞越中非，途经乌干达、肯尼亚、桑给巴尔和内罗毕。斯科特说，在桑给巴尔和内罗毕，他被允许独自上街闲逛。就像他所说的，这件事如果放到今天，肯定会被认为是虐待儿童！但这对于我们来说根本不足为奇。

我们的旅程都是如此，每个孩子都被期望足够自立。我第一次骑马是在一个叫作莱索托的地方。这个地区的山太多了，我们用了好几天才走完这趟六十英里的旅程。我最小的弟弟李出生在比勒陀利亚，五岁的他坐在妈妈背后。孩子们当中年龄最长的大哥斯科特那时也才十七岁。

马鞍上的日子显得极其漫长，这真是一次潮湿而艰难的旅行。我们从不生火，只吃罐头和面包。大家每晚的睡眠也很有限，因为牛会不断地试图舔舐我们的脸或偷走我们的毯子。

也许这就是我很少失眠的原因。即使身处一间很小的公寓，需要和孩子们挤在一起，我亦是如此。沙发床不是最为舒适的选择，但在室内你至少可以轻松地睡个好觉，因为没有牛舌头试图舔掉你脸颊上的盐分。

走自己的路，不必总是遵循别人对你的期望。当我还是个孩子时，我就已经学到了这一课，并在成年后一直坚持如此。拿到营养学学位之后，我发现自己怀孕了，无法大着肚子去求职的我开始了私人执业。我的同伴们对此非常不以为然，他们告诉我，在单独执业前至少应该去医院待上五年。但是我别无选择，天知道我是多么热爱帮助他人，而且我也非常享受让大家的饮食变得更加健康的过程。这也就是为什么我可以周游列国，并且在那么多国家一次次从头开始我的营养咨询事业。对于很多人来说，搬家等同于被打入地狱，但是对我来说，尝试新事物总是那么令我兴奋和觉得有趣。

当然，如果每天重复同样的生活、做同样的工作、在同样的地方居住也能让你很快乐，你当然可以保持现状。

但是，如果你感到焦虑不安或你总是垂头丧气，如果你的内心在呼唤改变，那么请立即开始探究：你可以做什么，可以住哪里，以及自己到底想得到一份什么样的工作。要知道，拓宽心灵视野的最佳方式是探索新的地方，与新的朋友打成一片。这么做也可以让你变得更加快乐。

我父亲总是说："没有什么是霍尔德曼家的人做不到的！"这也是我和我的兄弟姐妹的人生信条。一直以来，我也尽我所能，让自己成为榜样，向我的孩子们展示出这一点。现在，没有什么是马斯克家的人做不到的！

7

舒适并不是生活的必需品

为已知制订计划,为未知做好准备

每年的七月,也就是在南非的冬天,我们一家会全体出动,去卡拉哈里沙漠寻找失落之城。那时博茨瓦纳①还叫作英属贝专纳。有时我父亲开飞机,有时我母亲开车,其余时候则是我们全体带着指南针挤在一辆卡车里。一趟穿越沙漠的旅程通常会持续三个星期,我母亲会把三周的食物、水和汽油,还有我们五个孩子都塞进车里。

寻找失落之城的灵感源于我父亲读过的一本著作,作者是吉列尔莫·法里尼。这位加拿大作家曾在十九世纪末坐牛车穿越沙漠,他在书中写道他曾找到一座失落之城的遗址。法里尼在尼亚

---

① 博茨瓦纳又叫波札那,全称为博茨瓦纳共和国,是位于非洲南部的内陆国。——译者注

加拉大瀑布上走钢丝的事迹也可谓四海皆知，每个人都知道他是多么乐于冒险。

我父亲想开着车沿着法里尼走过的路线走一次，这成了我们七月假期的计划。现在我也在思考：谁能想象自己可以带上五个小孩，去沙漠玩上三个星期？我母亲本可以选择不去，和孩子们待在家里，但既然我父亲无论如何都要去沙漠冒险，而母亲也不想让他一人独行，我们就全家一起出动吧。

我在沙漠之行中从未感到害怕，因为我知道父母已经安排好了一切。就算有人告诉我鬣狗要咬掉我的脸，我也只会安然地合上睡袋，让鬣狗咬不到我。我不认为旅行会有任何差错，父母多半讨论过安全问题，因为他们总是计划周详，而且看起来无所不能。打包行李这种事更不需要我去考虑，因为我母亲是这方面的专家。回想当年，母亲必须得考虑清楚每个细节：衣服、食物、水……而我父亲则需要准备好地图、指南针、汽油、汽车修理工具……他们真的很了不起。

我们提前准备好了一切，包括可以支撑三个星期的水、蔬菜罐头和水果罐头。通常第一周我们有足够新鲜的食物，当然，接下来我们就再也吃不到新鲜的了。

这就到了检验我们的家训——"冒险而审慎地生活"的时刻。每件事当然都有可能出错，因此我们必须预见突发情况，并为此做好计划。

我们知道可能会迷路，也看到过沙漠里亡人们的墓碑。有时我父亲会雇一些可以兼职翻译的向导，但沙漠里的部落太多，而且每个部落的语言不同，因此通常我们还是只能靠自己。那时博茨瓦纳由英国控制，当地政府有一些骆驼巡逻队。我的父母会提前做好计划并报备，我们会从哪个小镇出发，然后到哪个小镇结束。因此骆驼巡逻队能够知道我们的路线，同时也知道何时可以见到我们。如果我们在三个星期内没有到达预定地点，他们就会出发前来寻找我们。

父亲知道我们很有可能会被困在沙子里，所以他带了好多铁铲。一旦被困，我们就可以动手把自己挖出来。由于没有道路，车子有时会在灌木丛中穿行。为了避免突如其来的障碍，我们几个孩子会轮流跑在卡车前面，以确保前方没有凹坑或树桩。我们也带了不少工具，这样父亲就可以修理卡车可能出现的任何故障。他甚至带了焊条。有一次汽车撞到树桩，父亲和哥哥斯科特用焊条把坏了的地方重新焊接起来，这样我们就可以继续我们的旅程了。

我们从不会因为故障而惊慌，把它修好并继续前进就是了。在生活中，我们常常会害怕那些并不会发生的事情。有什么可害怕的呢？就算糟糕的事情降临，想办法找到解决方案就是了。曾经有一次，我们的饮用水里不小心混入了汽油。由于别无选择，我们只得先喝下这种"汽油水"，然后尽快去找到新鲜的饮用水源，其间每个人都表现得很淡定。

每天，我们都会在黎明中醒来，收拾行装，一直开车到傍晚，然后扎营。我们有一个专门用来存放食物的帐篷。

每个人都有分工。凯和我负责收集干柴，我弟弟生火。母亲会把水、鸡蛋粉、奶粉、面粉和发酵粉混合在一起，放在一口大铁锅里给我们制作烤饼。在沙漠中吃到新鲜而热腾腾的烤饼，你能想象为了让这一切成真需要多少计划吗？在我成年以后，我还能回忆起那烤饼的美味。为了我们，母亲提前做过那么多的准备。

父亲有持枪执照，他每周都会射杀一只动物，有时是一头公鹿，有时是一只珍珠鸡。在确认食物足够后，我们就会把剩下的那些分给我们碰到的部落。我们也都在沙漠里学过射击，母亲可曾经是一名射击冠军。

我们带上了需要的一切。凯和我每天早晚都只有一碗用来洗漱的水。但是沙漠的晚上实在寒冷，以至于水结成了冰。因此，我们不得不在早上把冰敲碎来洗手洗脸。

我们已经学到，在远离舒适的家的时候，应该怎样去生活。当不得不去做某事的时候，那你就应该面对现实。

我们只能在灌木丛后面上厕所，也没办法洗澡。对我们来说一切还好，因为沙漠里面的沙子并不脏。当父母规划下一程的路线时，我们这些孩子在一旁读了很多书。我有一张我们所有人读书的照片，大家的脸都埋到了书里面。

我的确学到了一点：舒适并不是生活的必需品，在物资匮乏的情况下你也可以活得很好。

此外，我学到的是：你永远可以削减开支，不要负债，也不用羡慕其他生活奢侈的人，你只需要尽你所能好好生活，并且对成功充满期待。

有一年冬天，一位名叫亨德里克的向导跟我们一同出行。他睡在火堆旁，告诉我们这是最安全的地方，因为没有动物会靠近篝火。

但有一天晚上，当我父亲点燃桌上的石蜡灯时，他看到一只狮子站在营地里。他慢慢地退到帐篷里说："温，有一头狮子光临了，请递给我火把和枪。"（我父亲总是把手电筒叫作"火把"。在到达加拿大之后，我们不得不改变我们对这个词的使用方式。）

狮子慢慢地踱步到篝火边的亨德里克跟前。真是不幸，这头狮子没有好好阅读那些"动物守则"，它不知道它不应该靠近火堆。

我父亲喊道："亨德里克，有一头狮子！"

亨德里克直接从毯子里跳了出来。他跳过火堆，大喊"Voetsek!"，意思是"走开！"。我父亲朝狮子头顶开了几枪，但狮子并没有任何反应，只是慢慢地离开了营地。此时母狮子就等在营地外面，于是我父亲开车把它们都赶了出去。最后，两只狮子爬上了营地旁边的沙丘，在那里盯了我们整整一个上午。

我的弟弟李记得那时他被送到了车里去睡觉。因为他是最小的孩子，我们必须保证他的安全，不然他会成为狮子在整个营地中最美味的食物。

我父亲看起来并不害怕。当然，即使他害怕，他也不会让我们知道，这样的态度让我们心中充满安全感。

旅途中我们也看到了很多动物和昆虫：跳羚、角马、蜥蜴、蚂蚁、秃鹫和其他猛禽。有一次，一只蝎子咬了我母亲，我们不得不用上了止血带，并且帮她把毒血吸出来。还有一次，琳恩被一只鸵鸟疯狂追赶，这让大家捧腹大笑。当然，沙漠里面还有鬣狗，我们非常害怕这种极度凶残的动物。

我记得有一天早上，当我和斯科特沿着奥卡万戈河散步时，他打了一只珍珠鸡想给大家改善伙食，但是鸡掉进了河里。斯科特让我游过去把它捞回来。当我上岸时，我站在了一个可以移动的物体上，那是一条鳄鱼。我们并不知道河里到处都是鳄鱼，这真是可怕。但万幸的是一切安好，现在我仍然在好好活着。

我知道我父亲想要找到那座失落之城，但我们最后并没有成功。他前后去过十二次，我也跟着在沙漠里待过八次。找不到失落之城不会让我们感到失望，因为父母也从未表达过失落。一家人一起经历了冒险，一起度过了欢乐的时光，这对我们来说足够了。

你可以设定一个目标，但如果不能实现，也不要为此灰心丧气。

我认为，父亲仅仅是单纯地热爱发掘未知的事物、学习不同的文化、探索全新的领域而已。他和母亲一生从未停止学习新鲜事物。他喜欢劈开灌木丛，在沙漠中自己开辟道路。由于父亲总是按照指南针的方向前进，我们从未迷路，总能到达他想去的目的地。

8
为什么不？

无论机会大小，为什么不试试

我高中毕业时对职业生涯有着明确的规划，我打算进修科学。在考虑了医学、微生物学和生物化学之后，父亲鼓励我挑一个可以在四年内拿到学位的专业，于是我决定学习营养学。

在我大三的时候，我的同学对我说："我打算提名你为瓦尔河皇后。"

我说："那是什么？"

那时我的确对此一无所知。

他解释说那是选美比赛。之前我从未参加任何类似的活动。我告诉他我是个书呆子，不可能做选美皇后。

在哈哈大笑之后，他说服了我，然后我顺利入围了。其实当时我并不确定我是否应该参加选美比赛，因为这肯定不是我平常会做的事。不过我还是答应了。有何不可呢？从长远来看，这只是生活中的一个小插曲而已。

我曾经认为，那会是一个我永远都不愿再去提及的愚蠢下午，但事实上那天完全改变了我的人生。

我很庆幸参加了这次选美比赛，约翰内斯堡一家非常专业的模特经纪公司向我抛出了"橄榄枝"。出人意料的是，模特成了我毕生的第二份职业。

在进入举行选美比赛的这栋大楼之前，我从未想过有些女性竟然可以在打扮上如此花费心血。作为一名学生，我根本不知道赢得冠军需要花费多少时间和金钱。其他女孩看起来很漂亮，显然她们已经做了头发，而且她们的妆容非常专业，泳衣也很好看。

我穿着自己的泳衣，自己做发型，自己化妆。我们全家都出现在了现场，这的确令人惊讶，要知道他们通常不会来参加这样的活动，但这次他们都来了。

在后台，工作人员给我们分发号码。

"我不想第一个走秀。"应该第一个出场的女孩说。

我说："那我来吧。"我并不害怕。这倒不是因为自信，而是因为我其实并没有那么在乎这个舞台。考试就够让人操心的了，还有那个刚刚欺骗了我的男朋友，这些对我来说显然更让人紧张。比赛结束的时候凯哭了，她对我说："你就是最好的。"

我回答她："你说得对。"

结果我竟然真的赢了！这让我欣喜若狂。

现场有些女孩真的很沮丧，因为她们希望能在这场比赛中取得胜利，从而促进自己模特事业的发展。我很高兴我能赢，但我认为这次经历纯属娱乐而已。奖品包括一百兰特（南非通用货币，当时约合一百五十美元）的奖金，与约翰内斯堡的一家模特经纪公司签订合同，以及在约翰内斯堡上模特课程的学费。

他们还给了我十张保龄球票。

奇怪的是，在我取得冠军，并且每个人都拍完照片之后，现场并没有庆祝派对。我们只能离开，然后我的家人拿着我的奖券去打保龄球。我从未想过我会赢得比赛，我也没有想到，后来的模特课程竟然会使我踏上在约翰内斯堡的专业拍摄之路。那里离比勒陀利亚只有三十英里，也是模特的主要集中地，每次上课我都是开着我姐姐的车去的。在那里我学到了正确的模特技巧与专业精神。

开启模特事业与取得大学学位是两回事。我一生中的大部分时间都在学习营养学，经营我自己的营养咨询事业。模特工作从来都不是我主要的收入来源，我只是把它当成一种补贴而已。这项工作很有趣，它让我留在了时尚界，并让我遇到了许多非常有创造力的人。

模特生涯给予了我很多，它让我拥有了一群类型完全不同的同事和朋友。如果我只是个营养师，那么仅仅和科研人员打交道的我，肯定没有机会认识他们。此外，模特工作让我有机会探索世界，探索每一个城市，因为我们的拍摄地点可能会在任何一个地方，无论那里是令人担惊受怕还是令人赏心悦目。

现在，在抓住某个机会之前我并不会考虑太多。只要它能唤起我的好奇心，或者让我觉得很有趣或好玩，又或者可以改善我的境况，我都会立即答应。

如果你想做出改变，你需要学会说："为什么不？"

我在那时参加的模特比赛，看起来就像是我内心对"为什么不"做出的小小回应。有些时候，你的生活会因为这个正确的态度而发生翻天覆地的变化。

我的女儿托斯卡在三十七岁时决定要小孩。之前她一直专注于自己的生活和事业，把有关下一代的想法放在了次要位置。此时，她感觉到自己生育的机会正在一天天变小，而且她也不想仅仅为了生小孩就和某人建立关系。托斯卡告诉我们，她想做试管婴儿，然后自己生下小孩。我们全家人都很支持这一想法。

当然，也有人会说不应该一个人要小孩。他们告诉托斯卡，单身妈妈的生活会无比艰难，这个错误的选择或许会损害她的职业生涯，也可能不利于孩子的成长。但是，那些人的劝告只是出于自身的恐惧。你的决定不能基于无关人士的指手画脚。当然，无论你当下的情形如何，孩子都肯定会让你的生活发生巨大改变。

记得那时我只说了："加油！我会帮你挑选精子的捐赠者！"

我还告诉她,没有男人的参与,养育孩子很可能还会容易得多,这一点她直到今天都很赞同。我陪着她一起经历了所有(非常多)的检测和失望(有时真令人心碎),一切的确困难重重。受精卵被植入后,托斯卡需要卧床四天,因此,在她搬家的那一周我从纽约飞来照顾她。当她躺在沙发上看《白宫风云》①的时候,我帮她整理物品,把无用的东西装满了十二个大袋子,然后送去旧货店或扔进垃圾箱。在托斯卡三十八岁生日那天,她得知两个胚胎都存活了下来,她终于成了一位准妈妈。怀上孩子的过程非常艰辛,孕期也同样如此,但她仍然克服了一切困难。如今托斯卡有了两个漂亮的孩子,这两个宝贝儿给我们每天的生活带来了快乐(也带来了许多挑战)。所有做试管受精的女性都应该收到热烈的掌声。尽管这条道路荆棘丛生,但看到结果的时候你会觉得一切都值得。

托斯卡说,这是她一生中做过的最棒的决定。孩子们使她能拥抱真实的人生,让她懂得了什么叫作无条件的爱。她告诉我,孩子们也让她开始以一种完全不同的方式看待世界:怎么做才能让孩子们生活得更好?她能做什么来帮助他们?这种能量使她谦卑,并激励她前进。

托斯卡的工作很复杂,因为她要去世界各地拍摄电影。但她会带上孩子们共同探索新世界,让孩子们看到他们的母亲在多么

---

① 《白宫风云》是一部以政治为题材的美国电视连续剧,于一九九九年至二〇〇六年分七季播映。——译者注

努力地工作(就像我让孩子们看到我努力工作一样)。当然,我也会帮她照看孩子。

无论机会大小,别人总会建议你:"为什么不试试?"但你应该考虑的是什么才能使你快乐。每个人的生活都需要不同的可能性,除非勇敢尝试,否则你怎么可能知道前方有什么呢?

9
专注于你的下一步

每个人都有能力逃离困境

在我们这样的家庭中长大的孩子,总是以为身边会一直围绕着善意和体贴,一旦进入现实世界,我们才知道原来一切并非如此。我们几个兄弟姐妹开玩笑说,离家之后我们才认识到人心原来可以这么险恶!我曾经相信每个人都有善良的一面,结果我却因此受尽折磨。更为不幸的是,我花了很长时间才学会如何保护好自己。

我是在比勒陀利亚念的大学,这个小城也是我们全家居住的地方。我的父母来自北美,因此我们在家都只说英语。但是,我想要拿到的营养学学位,只有一所通用语言为南非荷兰语的大学才能授予。

这个专业开设的所有课程、举办的所有活动,都只使用南非荷兰语。由于语言上的鸿沟，我需要比其他人更加努力才能跟上进度，而且我也没有交到几个新朋友。

但是我从十六岁起就有一个分分合合的男友。他在数学及其他理科上都比我擅长，成绩也比我优异。那时我很少遇到像他这样的人，而他一直对我说他想娶我。

当我发现他背着我和另一个女孩在一起时，我痛苦到食不下咽，整整哭了一个星期。因为悲伤，我瘦了十磅。那时正值我参加瓦尔河皇后比赛，这场比赛给我带来了专业的模特培训机会和一份模特经纪合同，我也因此得以接触学校以外的全新世界。在约翰内斯堡，我在模特事业上取得了不错的成绩。我甚至被选为"LM 广播小姐"，LM 是当地最酷的一家广播电台，总是播放排行榜前二十的流行音乐。

同时我也获得了"南非小姐"的决赛资格。那时我甚至想，既然南非荷兰语的学习那么让人厌倦，那如果我能获得冠军，我就干脆从大学退学。我大学的最后一年可谓苦不堪言，用非母语学习物理和化学的难度远远超过我的想象。为了减压，我开始暴饮暴食。我当时的胃口是如此惊人，以至于到毕业时我的体重已经飙到了二百零五磅。幸运的是，那时我并没有当选为南非小姐，否则我可能根本熬不到毕业！

随后我开始参加工作面试，然而，对于那些我看上的职位，我的能力要么超标，要么不达标。在一次面试中，我稀里糊涂地接受了一家食品公司的邀约，这家公司的老板正在开普敦寻找一位营养学方面的专业人士。因此，二十一岁的时候，我接受了这份工作并离开了家。

之前那个跟我分分合合的男朋友突然出现了。他带着订婚戒指来看我，在那之前我们已经有一年没见过对方。他说他爱的是我，并承诺从今以后他会待我很好。如果我能嫁给他，他一定会改变自己。

我拒绝了他的求婚。

结果，在他回到比勒陀利亚之后，他竟然径直去找我父母，说我已经接受了他的求婚。我父母感到非常惊讶，因为他们根本不知道我们在交往。事实上我们也确实没有在交往。

恰好那时凯和她的男朋友已经交往了很长时间，他们正打算结婚。于是父亲建议我们同时举行婚礼，每个人都认为这是一个绝妙的主意！然后他们开始准备婚礼，打印并寄出婚礼请柬。礼物纷至沓来。

我是从电报中得知这一切的，电报上写着"恭喜！"。这是我第一次听到我已订婚的消息，这完全把我吓傻了。电报上说，我需要辞掉我的工作并回家，因为婚礼将在一个月后举行。

现代人可能会觉得这一切不可思议。但你得明白，在一九七〇年的南非，因为长途电话费太贵，人们根本没法儿打长途电话，通常大家都会选择发电报或亲自拜访。在那个年代，男人的求婚风俗是找到对方父亲提出请求。因此对我父亲来说，这一切都是顺理成章的。更何况,他被告知我已经同意嫁给这位前男友了。

的确,我的前男友非常善于选择时机。那时我很孤单,背部拉伤让我痛苦不堪,而肥胖也让我缺乏自信。我讨厌自己的外表,我不认为有人想和这样的我交往。于是我照电报上说的做了:辞去工作,打包好行李,然后飞回了家。

在比勒陀利亚,我发现我的前男友丝毫没有改变,他仍然是那么咄咄逼人。我不知道怎么处理婚礼的事。尽管我们是一个亲密的家庭,但大家彼此之间不喜欢讨论太多的私人感受。我身边的人都在精心准备婚礼,我的姐姐琳恩正在为我做一件婚纱,她使用了大量的雪纺面料来遮住我发福的身材。而再过几个星期,大约八百人会来到婚礼现场,包括我父母的朋友、我双胞胎姐姐的朋友、她未婚夫的朋友,还有我和前男友的朋友。我找不到任何取消婚礼的方法,在我看来,我已经无路可逃。

双重婚礼顺利举行。我记得凯和她的新婚丈夫非常开心,而我的新婚丈夫则非常愤怒,因为凯和她丈夫的幸福貌似盖住了他的风头。

在接下来的数年生活中,我仿佛身处地狱。我并不喜欢谈论这段往事,因为它实在是太过痛苦。愤怒和怨恨一次次涌上我的心头,那个我根本就不是我想成为的自己。每次在我讲述完这段往事之后的当晚,我都会辗转反侧,无法入睡。我们没必要生活在谎言里,假装生活安逸毫无意义。事实上,人生并不容易,现实总是残酷无情。但是在苦难发生的时候，请你无论如何都要让自己爬出泥沼。务必记得，越快挣脱越好！

我被男性深深伤害过，也经历过灰暗的岁月。我曾对生活无数次失去信心，无数次看不清出口在何方，但我最终找到了穿越黑暗隧道的道路。这并不是因为我特别强悍——有人曾经这样评价我，但我不这么认为。我想我顶多算坚强而已，尽管我也经常会感受不到自己的坚强。

我花了很长时间，终于从伤痛中走了出来。我即将讲述的这个故事，其实并不像其他女性的故事那样悲惨。我希望你能了解，每个人都有能力逃离困境。我也希望我的故事能够证明，每个人都可以找到做出改变的方法和信心，从而让自己获得更加幸福的生活。我们都配得上这样的生活！

很快，我发现做我丈夫的妻子就等于包揽一切。我们在新婚当晚飞往欧洲，用的是我的积蓄。为了省钱，我们选择了非常便宜的航班，并和他在日内瓦的表弟挤在一起住。我们的目标是每天只花五美元，因为那时我们听说曾经有人在欧洲旅行时这么做到了。

我需要收拾行李、打包行李，还要给他做饭。当我在打扫卫生的时候，他就坐在一旁翻看在南非被禁的《花花公子》杂志。这本杂志在欧洲仍然有售，这让他十分高兴。

就在我们的蜜月期间，他第一次动手打了我。当他开始对我拳打脚踢的时候，我简直吓坏了。我很想逃走，但我做不到，因为他拿走了我的护照。

当我们回到家里的时候，我本想把蜜月的经历告诉我的家人："你们是对的，他就是个怪物。"但我觉得太难堪了，我根本无法开口。不久之后我开始感到恶心、开始晨吐，我意识到我怀孕了，这个孩子应该是在蜜月的第二天怀上的。显而易见，嫁给他是个错误，但现在一切真的无法挽回了。

他的残忍可以说已经到了匪夷所思的地步。在我马上就要生埃隆之前，我还在帮他重新给飞机上漆。我不得不在每次子宫收缩的时候放慢速度，而他竟然说："就算是宫缩，你也没必要慢下来。"

他拒绝带我去医院，一直拖到我的宫缩间隔只有五分钟时才出发。

他说："你就是懒惰、软弱。"

最后我还是去了医院。我选择了自然分娩，因此一直处于巨大的疼痛之中。

护士对我的丈夫说："给你太太揉揉背，这样可以让她舒服一点。"

他的回答却是："你什么意思？应该是她来给我按摩后背。看看你给我坐的都是什么凳子，我得走了！她分娩前五分钟你再给我打电话！"

他就是这样残忍的人。

在二十岁出头的时候,每天我都忙得不可开交。上午我为丈夫工作,打印他的工程说明书,做他的会计。另外,我在我的公寓里开展了一点儿小规模的私人营养咨询业务。埃隆出生之后,我又有了金博尔和托斯卡,三年零三周内我接连生了三个孩子。与此同时,我还得操心孩子和家务,包括做饭、打扫卫生等。

在得到我父母的允许之后,我们开始在我父母家隔壁的一块土地上盖房子。我有一辆过去用自己的积蓄买的小卡车,我把它装满砖头、水泥和木材,然后花一个小时开到那块空地。

那时候车上没有安全带,因此孩子们会在我旁边的座位上滚来滚去。我父亲的建筑工人帮助我们建起了这栋房子。

我还记得,我肚子很大的时候都仍然在贴浴室的墙壁瓷砖。

房子完工后,我们每个周末都住在那里。

当我怀着托斯卡的时候,我的父亲在一次飞机失事中去世。那时我的父亲和凯的丈夫,也就是我的姐夫,在同一架飞机里,他们俩都没能幸存下来。

我的丈夫只想知道我父亲的死能给我们带来多少收益。

我说:"我想我们什么都得不到,一切都应该属于我的母亲。"

他说:"这样是不对的,我娶你不是为了让你母亲拿到钱!"

而我的母亲却把我父亲的飞机给了我们,并以非常低的价格将我们建房子的那块地卖给了我们。

他仍然很生气,因为他想要更多。

一段时间之后,凯再婚了,她的第二任丈夫是一个脊骨神经科医生。凯买下了我父亲的诊所,因为诊所就在她家隔壁。我的丈夫对此非常愤怒,因为他认为凯得到的比我多。

于是他整整两年都不让我和家人说话,也不允许他们来探望我的孩子。每次我的母亲打电话过来,我都只能飞速跟她说再见,然后挂断。

他会说:"那是个男的,肯定是男人在给你打电话。"接着他就开始打我。

那是我的母亲,当然不是什么男人。但如果我那样告诉他,他也会因此而痛打我一顿。

我和家人的联系就这样被他生生切断了。那段时光真是糟糕透顶。

我丈夫的生意开始蒸蒸日上,他又买了好多辆汽车,甚至还有一架飞机和一艘船。如何炫耀财富是他那时唯一关心的事。

而我只能每天无数次地接受咒骂,咒骂的内容都是关于我有多无趣、丑陋和愚蠢。我想:"嗯,我或许无法控制我的无趣,但拿到过理学学士学位的我肯定不笨。而且我也不丑,因为我曾经在选美比赛中获奖,而且我还是一名模特。"不过,我从来没有勇气把这些想法说出口,因为如果我真的那样说了,接下来我面临的又将是一顿毒打。

但有时候即使沉默也没有用处。他会说:"我知道你在想什么!"然后他会再度痛打我一顿。

在二十五六岁的时候，我读了一本名叫《我很好——你很好》的书，这本书给我带来了许多力量和希望。他却想把这本书丢掉，因为他极度讨厌我读这些文字。

我们偶尔会请人过来共进晚餐。我不能买任何熟食，因此每顿饭我都不得不从最开始准备，我甚至还需要自己烤面包。尽管我并不喜欢做饭，但只要一步步跟着食谱介绍的步骤去做，做出来的饭菜的味道就会很不错。

然而，在餐桌上，我的丈夫会用最恶毒的方式跟我说话，当着客人的面侮辱我。毫无疑问，这些客人永远不会再出现在我们家。但如果客人不再过来做客，他又会说："你做的饭太难吃了，你这个人也很无聊，这就是为什么客人不会再来！"

自从有了孩子，我全面停止了模特工作，我不认为在未来我还能继续这项事业。就算我接到了模特工作的邀约，遍布全身的瘀伤也只能让我选择放弃。

有一次，我们和三对夫妇一起参加了啤酒节的庆祝活动。现场所有人都在兴高采烈地喝啤酒，其中一些人已经有了醉意。相较于其他三位美丽的女士，我的穿着简直是难以置信地保守和土气。总之，我就是三位盛装打扮的时髦女士的陪衬品。

我们一起起身去洗手间，那些坐在旁边的人开始吹口哨说："美女们好啊，你们看起来都好性感。"

我丈夫冲着我尖叫起来，他大喊我是荡妇。他竟然还冲过来，当着所有人的面打我。

他完全失控了。随着时间的推移,他变得越来越丧心病狂。一开始他只会在家里打我,但现在施暴的地点已经发展到了公共场合。

我那儿位朋友的丈夫把他从我身边拉开,朋友们则护送我去了我母亲家。凌晨两点,我的母亲十分惊讶地见到了正在敲窗户的我,那时我们两年没见过彼此了。

第二天早上他来到我母亲家,他求母亲让我回到他身边,然后一边大哭,一边表示忏悔。

我母亲说:"永远不要再碰她一根手指头,否则我会让她回我这儿来!"在知道我丈夫一直在殴打我之后,我母亲怒不可遏。但她也完全不能明白,为什么在此之前,我竟然对如此糟糕的婚姻只字未提。可我就是羞于启齿,同时我也害怕坦白之后他会伤害我的家人。

我母亲的话起了作用,从那以后他没有再打过我。之前他在动手时从不回避孩子们,我仍然记得,那时两岁的托斯卡和四岁的金博尔躲在角落里哭泣,而五岁的埃隆为了阻止他,会打他的后腿弯。他的停手让我终于松了口气,这时候孩子们还小,他们也许还能够忘记这些可怕的过去,而我以后只需要忍受他的辱骂就行。虽然我的肉体不再受伤,但他对我的言语辱骂变得更严重了。好吧,至少我不用再承受身体上的伤痛了。

之后莱蒂打电话过来询问我是否有空接模特工作，我终于没有了瘀伤的顾虑，于是回复可以。这件事让我的丈夫大发雷霆。他曾经跟着我去了一场走秀，全程他都站在一根柱子后面盯着我工作。当他到了后台，看到发型师正在为我做造型的时候，他差点儿对这个"竟然敢碰我头发的人"动手。对他来说，我的一切都应该被他牢牢地把控在手中。

他告诉我，如果我胆敢离婚，他就会用剃须刀割开我的脸，并且朝孩子们的膝盖开枪，这样我就只能带着三个残废的孩子生活，再也无法从事模特工作。这一切真是让人毛骨悚然，我没能早点提出离婚就是因为我真的害怕至极。

而且我不知道我能否离婚。当时南非的法律并不保护女性，男人虐待女人不能构成离婚的依据，也没有成功的先例。事实上，当时的人们，包括被洗脑的我在内，都有一种观念：男性对女性实施家暴就是理所当然的，因为他们是男性。

在南非通过"不可挽回的婚姻破裂"的法律的那一年，我告诉自己："终于可以离婚了。"突然间，逃离的曙光出现在我眼前。

我必须先决定逃去哪里。我本可以和我母亲待在一起，但我丈夫会去找她麻烦，我不能让她身处险境。之前我们卖掉了我父母家旁边的周末度假屋，然后在德班附近一个偏僻的地方另外买了一栋房子。我决定带着孩子们去那里生活。

很幸运，我还有一个容身之处。处理离婚事宜期间，我丈夫的律师建议他把这套德班的房子划归我的名下。

他对律师说:"不,我不会让她名下有任何东西。"

律师指出他的名下还有一套大房子、一艘游艇、一架飞机和六辆车。如果离婚过程中出了什么差错,并开始走诉讼程序,他可能会失去一切。

而我却回复说:"我不在乎,我什么都不要。"

他问我:"你确定把所有财产都给我吗?"

我说:"是的,你都拿走。"

他对律师说:"好吧,那把德班的房子给她。"

当这栋房子过户到我名下时,我的内心终于感受到了一丝丝放松。尽管这套房子只付过首付,我每月还需要还三百美元的月供。

但不管怎样,我现在已不再是弱势群体。法律条款已经改变,而我和我的孩子们也有了新的去处,这些都可以确保我可以成功离婚。

我对支付抵押贷款也很有信心,因为我还有一点儿积蓄。我的丈夫在娶我的时候是一个穷光蛋,他通过进入电气工程行业完成了财富积累。尽管我这点儿钱跟他的比起来不值一提,但我认为,只要这笔钱足以支撑我在前几个月养活孩子们和支付贷款就够了。

在婚姻存续期间,我的丈夫始终让我胆战心惊。现在走到了离婚这一步，我发现自己仍然惶惶不可终日。

离婚结果还没出来的时候，他出现在德班，拿着一把刀在街上追我。

我跑进邻居家，她正在厨房里。

她说："赶紧去花园，我的朋友们都在那里。"

他拿着刀跑进来喊道："把我的妻子交出来。"

我的邻居回道："你想喝杯茶吗？"

后来她告诉我，其实她当时已经被震惊到不知道该说什么好。

但她的话起了作用。我的丈夫倒在地板上哭了起来，他说想让我回到他身边。

我的邻居跟我一样被吓坏了。在那之后，我拿到了针对他的限制令。

无论如何，我只想摆脱这个人，此时我有两个律师人选，这两位也都是我的客户。一位是比较凶悍的离婚律师，另一位则是房地产律师，我选择了后者。我不想要一场旷日持久的法庭拉锯战，也不想要我丈夫的钱，只要一切尽快结束就好。除了孩子们，我什么都不想要。

我决定盛装打扮一番去法庭。我穿上了红色迷你裙、白色衬衫和红色高跟鞋，做了好看的发型，还化了点儿妆。但我母亲瞥了我一眼说："卸掉你的妆，头发往后梳，再把你姐姐的旧衣服和平底鞋穿上。"于是我穿着一件很大的花裙子，朴素地出现在法院。

法官微笑着，对我的态度非常轻佻。

他说："你丈夫真的愿意和你离婚吗？"

我回答道："他已经签署了文件。"

我不能撒谎说他真的想离婚，他也的确不想，但他在协议书上签了字。

除了孩子们我什么都没有要，但法官判决他必须给我他的收入的百分之五，并且支付孩子们的教育、医疗和牙科费用，不过后来他一毛钱都没有给过。同时，法官裁定，为了孩子，他必须给我一辆四门汽车。尽管他将我的卡车据为已有，而且自己还有五辆豪华轿车，但他竟然找来了一辆市面上最便宜的丰田花冠，车里没有空调，而且只有升降车窗。最后他说可以给我一辆捷豹或奔驰，条件是每个月都要让他检查一次车况。

我知道这是另一种他试图控制我的方式，所以我选择了丰田。这辆车对我来说已经够好了，我可以不再被他打扰，也能开着这辆车去我想去的地方。

拥有一辆属于自己的车的确很幸福。

接着，我马上就投入事业中。营养学在南非很受重视，德班的医生们高兴地把病人送到我这里，同时我也开始了模特的工作。

为了支付贷款，我一直过得非常拮据。孩子们穿的是校服，因为这比普通的衣服便宜。不管漂不漂亮,我没有钱给自己添置任何衣服。如果实在有需要,我只能去二手店买衣服。

在开始的几年里,孩子们每个月都会去我前夫那里待一个周末。去的时候我会帮孩子们打包衣服,而在他们回来的时候我却发现他们手里空空如也。我不得不每次都又给孩子们重新买衣服。这非常令人烦恼,因为我根本负担不起。

他这么做都是故意的。他经常说我会因为贫穷和无力抚养孩子而回到他身边,为了获得孩子的监护权,他反复起诉了我十年。应付起诉花光了我的全部积蓄,但我觉得这也好过每天二十四小时都要忍受他。我情愿选择一次次走进法院,一次次准备文书,以及一次次面对可能失去孩子的恐慌,也不愿意在持续的恐惧中生活。

开弓没有回头箭。不管多么困难,都要咬牙坚持,你要知道,一切终将过去,所有的付出都是值得的。

如果你生活在对另一个人的恐慌或畏惧中,你必须制订一个计划来摆脱这个人。如果你发现这段关系只会给你带来痛苦,你必须尽你所能赶快逃离。我花了太长时间做无谓的等待,等待那个人改变,或者那段糟糕的关系改变。但最后我发现,能改变的只有我自己。

当你真正从一段关系中逃离时,在黎明之前你可能要面临一段极度糟糕的黑暗期,你可能感到自己孤苦无依,却不得不咬牙忍耐。我的建议是,试着在孤独的时候去拜访朋友、跟家人煲电话粥、看电影、找份新工作,或者搬去一个新的城市。

经济实力和后勤保障是良好计划的基础。你可能需要向朋友和专业人士寻求帮助,因为各种各样的压力即将向你袭来,包括经济、社交等。许多过去因为我的丈夫而对我避而不见的朋友,此时都站了出来。有几对夫妇甚至提出可以从经济上支持我,当然,我从来没有接受过这一支持。

你并不需要一个五年计划,如果你的计划过于长远,这反而会让你迈出第一步的进程变得十分困难。最重要的是,你得开始行动。不用现在就去关注遥远的未来,你应该专注于你的下一步。

一旦决定好离开,千万要确保自己不会被之后发生的任何事击垮。先充分计划好第一步该怎么走,然后再去制订下一个计划。

回首每一次的黑暗经历,我只觉得当时我应该选择更早一点逃离。在你意识到当下已是凶多吉少、回天乏术的那一刻,那就是你必须做出决定、尽快逃出的时刻,越快越好!

如果这段关系已经让你如此难过,那么分开又会有什么损失呢?如果你已经做出努力,但你的伴侣仍然无法改变,那么你没有理由赔上你的余生,让自己一直难过下去。

离婚后我非常孤独,特别是在孩子们去他们父亲那里过周末或度假期间。他曾带他们去奥地利滑雪,或者去香港和纽约游玩,而我也不想剥夺孩子们的这些体验。每一次他都会邀请我,但即便我非常喜欢去新的地方探索，我都永远无法忘记和他一起旅行是多么恐怖，这个人可以把一切的欢乐化为泡影。

在任何一段关系中，孤独都好过恐惧。再没有比痛苦更加糟糕的事了，孤独永远不能将我逼回原来那段不幸福的婚姻中。我宁愿过着拮据的日子，也不要每天生活在丈夫的虐待中。豪宅、华服、汽车、飞机、船、农场……我不需要这些伴随着痛苦的身外之物。

因此，我和我的孩子们从一间小公寓搬到另一间小公寓，我们只能一直吃廉价的花生酱三明治和豆汤。可那又怎么样？

我和孩子们彼此相爱，在一起度过了很多快乐的时光，这才是最重要的。

我之所以对你讲述我的故事，是因为如果你和过去的我一样深陷黑暗，我希望你知道，前方永远会有出路。我也希望你知道，如果你想好好地生活下去，你无论如何都要离开那个让你受伤的人。我曾整整九年饱受家庭暴力之苦，但一旦我选择离开，我立马就觉得乌云散尽，云开月明。

无论一切看起来多么黯淡，前方总有光明。

10
强迫自己做出正确选择

你需要先制订一个计划

婚姻期间，我的体重一直起伏不定。我在蜜月时发现自己怀孕，出现了晨吐反应，常常一整天都不得安宁。怀孕初期我的体重大幅下降，然后又拼命上升。怀每个孩子的过程都是如此艰辛。幸运的是，孩子们出生之后都很健康。我希望他们保持这样的状态，因此我一直坚持健康养育的原则，并亲手为他们准备食物。

那些年是我无比艰难的一段时光。孩子们是我一生中最好的礼物，但婚姻是一个错误。离婚后我住在德班，作为养育着三个孩子的单身母亲，我必须承担起照顾全家的重任。对我来说，控制体重并继续模特工作至关重要，这样我才能获得额外收入来抚养孩子。那时我也极度依赖所知的营养学知识，如果不感到饥饿就决不进食，而且只吃健康食品：谷物、牛奶、蔬菜、水果、花生酱全麦三明治、豆汤、鱼罐头,有时加上鸡肉。幸好健康食品都不算很贵,这样我在日常饮食方面就不需要有太多开销。

在德班的那段日子里,我也努力尝试外出参加社交,但我的家人对我的每一任男友都并不是特别满意。

凯叫我"渣男收割机",她是对的。某个晚上,我在外出的时候遇到了一个非常喜欢我的男人,然后我开始跟他交往。这个男人想让我减肥,因为他认为我看上去很胖。虽然我并不胖,但为了取悦他,我仍然开始减肥。这种追求极端的减肥让我简直不堪重负,我感觉自己如同身处牢狱。

他向我求婚,但我拒绝了,我知道这个人其实一直都在欺骗我。尽管如此,他还是为我安排了一场惊喜订婚派对。我猜想他大概是对我情有独钟,为了和我住在一起,他甚至开始盖房子。房子里设计了他和我的孩子们各自的卧室,还有专门供我进行营养咨询的独立办公室和候诊室。每当我尝试把戒指还给他的时候,他就会用自杀来威胁我。于是,我只能在每次见他的时候大吃三份甜点。他终于被吓跑了,然而我的体重也迅速增加。

我喜欢吃油炸或高脂肪的食物,还有甜食,不过我吃这些是为了摆脱伤心和压力。仅仅过了几个月,我迅速胖回二百零五磅。但那时候我并不知道,后来我居然需要花近十年,才能恢复到穿八号尺码衣服的健康身材。

我需要弄清楚接下来应该做什么——一个新的计划非常必要。

但是在一位朋友前来搭救我之前,我几乎丧失了制订计划的能力。她给了我一个非常简单的建议:每天花上半个小时去回忆过往那些快乐的时光。据她所说,这将帮我认清我的下一步。

我之前从来没有做过冥想,也从未花时间坐下来思考,但我的朋友说我必须这么做。她的话对我来说简直就是奇谈怪论,因此在坐着的三十分钟里,我的脑子里只有一片空白。我的意思是,我根本什么都想不出。单单是尝试找寻快乐时光这件事就够令人伤心了,我不记得我在什么时候快乐过。我想着:"嗯,高中还挺有意思。"但我并不打算回到高中。我忽然意识到,许多最为欢乐的时光其实是在大学。尽管学习南非荷兰语曾经让我压力巨大,但我也从中获益匪浅——现在我的南非荷兰语已经流利多了!

那时我已决定去布隆方丹做营养师实习生。我放弃了德班可爱的家园及积攒的一切,带着年幼的孩子们一起搬到了南非中部的一个小镇,这里每个人都说南非荷兰语。

我难过地告诉自己:"搬家是值得的。"

作为一位带着年幼孩子的单身母亲,住在小镇意味着远离社交生活,但我全身心地扑在了学习上。那时我们住在一间医生宿舍里,孩子们睡卧室,而我睡厨房或客厅。再辛苦也是值得的,因为在到达那里的那一刻,我高兴地发现自己终于不再悲伤。在远离一个曾经不断唤起我的痛苦回忆的地方之后,我的生活发生了翻天覆地的变化。

我开始义务教授大家模特走秀和形象管理的专业知识，以此为营养学专业的奖学金筹集资金。整个过程非常顺利，所有我教过的学生都呼吁我应该自己去开一家学校。这趟新的冒险变得相当成功，大学教授的子女们、同事、朋友和媒体都对我鼎力支持。于是我开办时装秀，进行关于营养学和建立内心自信的演讲，这一切真是乐趣满满。我甚至留下来攻读了理学硕士学位，这极大地增强了我的自尊心。

生活很美好。我在晚上参与教学工作，这变成了我的社交生活。大学城里没有人会评判我的体重，这让我感觉更加放松。我甚至开始和几个比我年纪小的帅哥约会。

我想要支持那些被我培训过的模特发展事业，因此我去了约翰内斯堡。那里有一个顶尖的模特经纪公司叫作"G3"，我向他们展示了我的学生们的照片。

跟我会面的经纪人叫作盖诺·贝克尔。她对我手上所有的模特都不感兴趣，反而打量着我说："要不然你来我们公司做模特怎么样？"

我回答："不，不。我已经金盆洗手了。"

在过去的几个月我已经减掉了二十磅，但我从没想过重新开始模特生涯。

盖诺说大码模特是一种新的行业需求，因为我有过当模特的经验，所以她鼓励我去试试看。

我再一次说出了那句话："为什么不？"这句话在我这一生中

帮了我大忙。

我的大码模特生涯始于飞往约翰内斯堡拍摄电视广告。作为南非唯一的大码模特，我很快就开始周游全国。那时我一边努力完成我的理科硕士学业，一边到处拍摄平面照和上T台走秀。市场需要一位大码且年长的模特，而我恰好两个条件都符合。

与此同时，盖诺和我成了好友。在我搬到约翰内斯堡后，有一天，盖诺跟我闲聊："我认识的一个超级可怕的人也叫马斯克。"

我说："那一定是我的前夫。"

她说："他娶了我的朋友，但婚礼一结束，他就把她赶了出去。"

我说："那应该就是他。"

几年后她问我："你想见见苏·马斯克吗？"

我回答道："当然愿意。"

苏是一位超模，她非常漂亮，看上去比我酷多了。我们一起去参加了一个鸡尾酒会，在那里她是这么介绍我的："这位是梅耶·马斯克。她跟我的前夫有过一段十年的婚姻，而我和他的婚姻只持续了十分钟。"

然后我们哈哈大笑起来。在场的人们其实不太明白这句话的笑点所在，但我们并不在乎，能一起开怀大笑就够了。

在约翰内斯堡，我仍在继续做营养咨询工作。我的业务飞速扩张，因此我开始在公众面前发表关于健康饮食的演讲，虽然此时从医学角度来看我的体重仍然超标。为了让自己看上去更加自信，我把真实的感受藏进了幽默里，尝试对自己的体重开玩笑，但事实上我仍然不自信，因此一直穿着肥大的衣服来掩饰身材。尽管仍有许多客户来找我咨询，并从中获得了健康饮食的动力，但这些只让我觉得自己像个骗子——我实际的行为与我给客户的建议其实恰恰相反。知道很多道理又怎么样呢，我并没有将其运用到自己身上。

四十一岁时，我的胆固醇飙升，膝盖和背部也疼痛不已，这一切让我惊慌失措。我的三个孩子还需要我来抚养，我必须让自己保持健康。我无比怀念那个健康的自己。

于是我开始采纳自己给出的建议：只在饿的时候进食，只吃健康食物，决不暴饮暴食。而当我照此执行之后，我的体重降低。到目前为止，我已经坚持了三十年。

我希望你知道：我每一天都在为了健康而努力，这一切并不容易。

我并不是一个天生苗条的人，只有每天坚持督促自己才能保持身材。我一直在坚持做饮食计划，同时确保身边只有健康食品。有时我也会纠结，如果我吃得不够，我就没办法达到最好的状态；如果过于饥饿，我就会吃掉身边一切看得到的食物；如果我刚好吃了不健康的食物，我的思考和身体反应速度都会大为减慢，感觉整个人都变得疲惫和臃肿。我做营养师至今已经四十年,但面对诱惑我仍然会备感煎熬。但大多数时候,为了让自己感觉良好,我一次次地强迫自己做出了正确的选择。

漂亮的照片并不会展示出你一路以来的艰辛,我经历过两次发胖再减掉六十五磅肉的过程。我已经深深认识到,除非停止暴饮暴食,否则我永远无法减肥成功。我曾经认为到了某个年龄,体重就会保持不变,但事实并非如此。如果你想减肥,那就必须一直努力。

其实我们很容易找到那些让心情瞬间由阴转晴的方法,比如像我过去那样暴饮暴食。但是这样做只是逃避,它只会让一切变得更糟。因此如果你想感觉更好,你必须扭转局面,做出真正的改变。无论是做一个小小的改变,比如学习冥想;还是进行一次脱胎换骨的变化,比如彻底改变你的饮食结构,或者搬到一个新的地方重新开始。总而言之,你需要制订一个计划。

家庭

孩子们会因为拥有足够的
独立生存能力而受益匪浅

关于

第三部分

11
成为坚毅的职场妈妈

没有必要对孩子过度保护,这只会造成他们与现实和责任脱节

埃隆出生时我二十三岁,这在一九七一年是女性分娩的平均年龄。我经历了三天的假性分娩,白天一直宫缩,直到晚上才停止。到了我真正分娩时,过程也异常艰难,因为埃隆的脑袋太大,而且他还是个八磅八盎司①的胖小子。那时我不想借助止痛药品,只想完全靠自己自然分娩——我做到了。但是,直到今天我仍然能感觉到那种疼痛。

所有的痛苦随着孩子的到来都烟消云散,我实在是太快乐了。他是那么可爱的一个小天使,我不敢相信这世上居然还有如此漂亮的生命。我目不转睛地盯着躺在身边的埃隆,这真是我人生中

---

① 一盎司约为二十八点三五克。——编者注

最美妙的事。

埃隆的胃口非常好，我坚持母乳喂养了三个月，但他时常会因为我母乳不足而号啕大哭。因此，在他三个月的时候，我开始给他补充温牛奶和温水。埃隆满四个月之前，他的食谱差不多全部换成了全脂牛奶。快到五个月时，他开始吃婴儿麦片。后来我又给他加上了水果泥、蔬菜，甚至我平常吃的饭菜。他真是一个爱吃的孩子。

几乎在我给埃隆停止母乳喂养的同时，我就怀上了金博尔，他在我二十四岁时出生。金博尔是个高高瘦瘦的孩子，比他的大哥重零点二五磅，不过他的出生相对容易一些。跟上次一样，我用母乳喂养了金博尔三个月。当他开始因为饥饿而哭闹的时候，我就像对埃隆那样，也给他喂牛奶和水。在给护理人员们上课时我讲过，通常应该等到孩子六个月左右再添加固体食物。我开始得更早一些，那是因为我的儿子们都是大个子。

在我再次停止母乳喂养的几个月后，我又怀孕了。二十五岁时我有了女儿托斯卡，她的体重比金博尔轻半磅。这真是一个天大的惊喜，有女儿这件事让我感到幸福无比。

那时我会两手各抱一个孩子，而大儿子则走在我旁边。照顾这么多孩子的确很难，但他们都是我甜蜜的负担。

在三年零三周内，我连续生育了三个孩子。有一次我去妇产科，医生给我装了一个宫内节育器，因为我的身体机能需要恢复，而且他也看到了我被殴打后的伤痕。

三十一岁时我成了一位单身母亲,照顾孩子们是我的首要任务。

如同我的父母一样,我从未放弃工作。在某些方面我并不像父母,我没有任何帮手,只能独自打拼。当然,孩子是我生命中最重要的部分。

我母亲从来没有因为全职工作而感到内疚,我同样如此。对我来说没有别的选择,我必须给孩子们一个可以遮风避雨的住所,让他们吃饱穿暖,不至于受饿挨冻。孩子们只能学着体谅我的工作,自己照顾自己。那时我甚至把一间卧室改造成了办公室。内疚毫无必要,与其因为放弃工作而怨天尤人,还不如让孩子们看到可以拥有怎样的乐观向上的生活态度。制订一个跟你的兼职或全职工作相适应的计划,尽力从外界获取帮助,这样你的心态就可以更加积极健康。比方说安排好工作时间,当需要送孩子上学的时候把邻居家的小孩也带上,这样你就可以请你的邻居在孩子们放学时把他们一起接回家;下午你也许需要雇请一个照料孩子的保姆。但是,兼顾工作和家庭的你在回家的时候,会感到非常愉快和充实。我就是这么做的。

当孩子们还小的时候,我选择了在家为我的客户做营养咨询。而当我做模特工作的时候,我会请一个保姆来照看他们。不过有时候我也只能把孩子们带去工作场地,让他们在我走秀的同时,坐在T台前排看书。

我的父亲永远会把脊椎按摩诊所开在家的旁边,母亲则是他的工作伙伴。从八岁开始，我和我的双胞胎姐姐也开始在那里帮忙，我们负责邮寄诊所的月度宣传册。本来为自己家做事不应该要报酬，但父亲仍然会付给我们每人每小时五美分的薪水。那时母亲负责制作宣传册，她会飞速地记录父亲的口述，然后再将其打印出来。

打印范本和复印是我和凯的工作。我们会坐在客厅的地板上，先把公告折成相等的三折，再放进信封，然后贴上邮票。每个月我们大概会上千次地重复这一过程。尽管年幼的我甚至都不知道这是一种营销手段，但在我开启自己的事业之后，记忆中的这种营销方式帮了我大忙。

当凯和我十二岁的时候，我们开始在父亲的诊所做接待员。工作时间是早上六点四十五到七点半，或者下午四点到六点，我们两个人轮岗。工作内容包括给病人登记、泡茶、拍 X 光片，还有和他们一直交谈，直到父亲开始为他们诊疗为止。

那时我们完全被当成可以信任的成年人来对待。

父母对我们选择的生活方式，以及我们教育自己孩子的方式产生了深远的影响。作为一名科研人员，我父亲拥有自己的企业。如今我也成为一名科学家和企业家，我的哥哥斯科特同样如此。我的弟弟李在南非建立了自己的商学院，同时在加拿大的一家大型科技学院担任系主任和副校长。和母亲一样，我的姐姐凯和琳恩也各自开办了一所舞蹈学校。

我的孩子们从很小就开始给我的营养咨询事业帮忙。托斯卡会到我的办公室，用打字机处理给医生们的信件。她负责打出医生的名字、地址、基本的问候语及病人的名字，然后我来填上他们的诊疗结果或者其他的建议。毫无疑问，埃隆非常擅长帮我弄懂打字机的功能，金博尔也总是非常乐于助人。

当我们住在布隆方丹时，我让托斯卡在我经营的模特形象学校工作。她负责教学生走秀、编排 T 台节目、开设礼仪课程，同时她也是我所有节目的化妆师。那时托斯卡大约八岁。

我能说什么呢？那时我的确需要帮助。

跟我的父母当年抚养我们的方式一样，我也是如此抚养我年幼的孩子们的，我希望他们能够做到独立、善良、诚实、体贴、礼貌，努力工作，多做好事。我从未像对待小宝宝那样对待他们，也从未责骂他们，或告诉他们应该学习什么。他们只需要让我知道他们正在学习什么或者没学什么就行。我不会检查他们的家庭作业，因为那是他们的责任。现在我可以非常确定，我做的这些对孩子们的未来发展没有任何损害，并且我、我的兄弟姐妹，还有我的孩子们恰恰都是受益于这一点——从小就学会承担责任。

随着年龄的增长，孩子们对人生有了越来越清晰的规划，每个人都愿意自己独立为未来承担责任。在我压根连申请材料都没有见过的情况下，托斯卡选择了她想去的高中，三个孩子都独立完成了大学、奖学金和学生贷款的申请。

我们没有必要对孩子们过度保护,这只会造成他们与现实和责任脱节。我的孩子们因为拥有足够的独立生存能力而受益匪浅,这也是因为他们亲眼看到,自己的母亲为了让全家人能有一个栖身之所,有足够的食物,可以买得起二手的衣服,独自一人那样努力奋斗过。你们现在看到我的生活有多么轻松,我那时的奋斗史就有多么艰难。

孩子们在上大学时的居住环境都相当糟糕。一栋破旧的房子,床垫放在地板上,有六个室友,但他们对此并不介意。

如果你的孩子不习惯衣来伸手、饭来张口,这其实是件好事。千万不要宠坏他,你只需要在确保安全的情况下,让孩子学会自己照顾自己。

忙于工作确实让我分身乏术,这也意味着,孩子们有时可以得到一些犯傻的自由。我猜,大约直到现在我也只知道他们的部分经历。我喜欢把自己想象成一个对孩子的错误毫不留情的人,但他们也许会告诉其他人,他们的母亲其实相当好说话。

孩子们提醒我,他们曾经集体反对我和一个吸烟的人约会,因为我们全家都很讨厌香烟。孩子们在那个人的香烟里悄悄放入了一堆很小的鞭炮,当他点燃香烟的时候,鞭炮爆炸了!孩子们笑个不停,我也觉得相当有趣。那个人的脸简直垮到了极点,但我从未因此惩罚孩子们。

当然,这一切并不意味着我会疏于管教。他们如果大吵大闹或调皮捣蛋，那就肯定会受到相应的惩罚：电视机会被搬走，或者他们必须回到房间闭门思过。不过现在他们告诉我，在被送回房间之后，他们会偷偷地溜出来，用旧的录像带录制他们最喜欢的电视节目，然后再飞快地跑回去，这样他们就不会错过《天龙特攻队》[1]或《百战天龙》[2]了。而那时在办公室里工作的我，根本无法注意到他们的这些小动作。

孩子们会说："这就是有一位职场母亲的另一个好处！"

---

[1] 《天龙特攻队》是美国全国广播公司自一九八三年至一九八六年播映的电视剧，全剧共五季九十八集。——译者注
[2] 《百战天龙》，美国电视剧，最初在一九八五年到一九九二年在美国广播公司电视网播出，全剧共七季一百三十九集。——译者注

12
十二岁的魔法

教给孩子们良好的习惯,但是你无法帮他们决定未来做什么

人们总是问我怎样才能培养出成功的孩子,其实我只是让他们跟随自己的兴趣罢了。

我爱我的孩子们,也深深地为他们的成就感到骄傲。老大埃隆正在制造电动汽车来促进环境保护事业,同时他也在开展火箭发射的事业。老二金博尔开了一家农场食材直供餐桌的餐厅,并且他还教授全国各地的孩子在学校建造水果园和蔬菜园。我最小的女儿托斯卡经营着自己的娱乐公司,专门制作和导演由畅销小说改编而成的爱情电影。三个孩子各自都有着不同的兴趣。

这让我不禁想起了我和我的兄弟姐妹,我们每个人都选择了自己喜欢的人生道路。我的父母非常乐于支持我们的不同兴趣。同样地,我的孩子们在很小的时候也展现出了他们各自的爱好。直到今天，他们仍然拥有跟童年相同的爱好，并且对此兴致勃勃。

当孩子们有需要时，我就给予支持和鼓励。当他们想要我给出建议时，我才会开口。通常我的回答都比较简短，不过为了这本书，我已经尽我所能把话说得更长一些了。哈哈！

金博尔在照片墙①的一篇帖子让我相当感动："我的母亲@MayeMusk（梅耶·马斯克）一直是我生命中的指路明灯。她不仅是一位七十岁的'封面女郎'品牌代言人，还拥有两个营养学硕士学位，并且一直对'真正的食物'②这个项目充满热情。我的母亲永远是我的灵感女神。我非常感激她对@BigGreen（绿色巨人，金博尔·马斯克创立的一家非营利性组织）的支持，我们致力于教育下一代，让他们拥有播种、栽培、食用纯天然食品的力量。谢谢你，妈妈！"

对于我的孩子们来说，他们在十二岁时就已展现出与未来职业相关的兴趣。

在埃隆年幼的时候，我已经注意到他什么书都喜欢读。其实我也喜欢读书，但是我在书中故事结束的当下就会把书里的情节忘得一干二净。可埃隆不一样，他不会忘记自己读过的每一个字，这个孩子随时随地都在吸收知识。我们叫他"埃隆百科"，因为他已经读完了《不列颠百科全书》和《科利尔百科全书》，并且记得书里面的所有内容。这也是他被称为"天才男孩"的原因——任

---

① 照片墙（Instagram）是美国的一款社交应用，类似于中国的微博。——译者注
② "真正的食物"，即不含任何化学食品添加剂的食物。——译者注

何问题都可以从他那里得到答案。注意，这可是在互联网出现之前，现在，我想我们可以称他为"埃隆互联网"了。

埃隆在十二岁时得到了他人生中的第一台电脑。在一九八三年，电脑是极其新奇的事物。埃隆很快就学会了使用电脑，并用代码写了一个计算机游戏"Blastar"。当我把它展示给我模特学校的一些大学生看时，他们惊讶地发现埃隆竟然知道编写代码的所有快捷方式。这些人都是计算机专业的大二或大三学生，他们对此印象极为深刻。

于是我让埃隆把这个游戏投稿给电脑杂志。

他把Blastar投到了《个人电脑杂志》[①]，该杂志随后寄给他五百兰特（当时合五百美元）作为报酬。这期杂志在埃隆十三岁的时候出版。我不认为当时他们知道这个游戏的创作者只有十二岁，我也不知道埃隆在这条道路上可以走多远。

金博尔在很小的时候就展现出对食物的非凡兴趣。他从十二岁就开始掌管我们的用餐时间，并且开始为我们做饭。为了做出美味的食物，他很乐意亲自下厨，也喜欢和我一起去杂货店。我还记得我们一起去市场的时候，他会拿起青椒闻一闻。我看到后会说："嘿，你这招是从哪里学来的？"和金博尔不一样，我从不觉得做饭是一种乐趣，我只会做一些非常简单的健康食品来喂饱

[①] 《个人电脑杂志》（*PC Magazine*），世界最著名的电脑刊物，也是全世界第一大互联网技术媒体 ZD 集团的旗舰刊物，以产品和技术评测著称。——译者注

孩子们，比如花生酱三明治、豌豆和胡萝卜。

　　金博尔会去挑选那些我们之前从未见过的新鲜蔬菜，然后用它们做烹饪食材。举个例子，他会选一条当天被捕上来的鱼，再配上西红柿、柠檬和洋葱一起放在烧烤架上烤。作为一个天生的厨师，他对料理蔬菜也非常在行，因为蔬菜是那时候我们能够负担得起的食物。总之，一切都非常完美。事实上，金博尔做的每样东西都非常好吃，它们比我做的那些没有新意的饭菜美味许多。

　　当我们搬到多伦多时，金博尔教埃隆如何做阿尔费雷多蟹肉团子，这样埃隆就可以为他的每一任女友做饭了。

　　当金博尔跟我说，无论他的选择是什么，他感觉我永远都在支持他的时候，我真的非常高兴。金博尔曾多次改变他的职业，他学习过商科，然后成为一名互联网企业家；他也曾在纽约的法国烹饪学院学习厨艺，有时候我会在晚上十一点去他学校的餐厅，等他下班后和他一起共进晚餐。后来，当他搬到博尔德，重新开了一家名叫"厨房"的餐厅时，我去帮他把那些旧炉子和旧冰箱擦得锃亮。遗憾的是，这些旧的厨房用具最后还是被换掉了。唉，好吧。

　　金博尔经历了相当长的一段内心旅程。有一次，他在和孩子们安装管道时不慎摔伤了脖子，这次受伤给了他许多时间思考人生，也让他终于明白了自己到底想要做什么。餐饮事业是他的热情所在，因此金博尔最终在美国中部开了一家农场食材直供餐桌的餐厅。同时，他创立了非营利性的"绿色巨人"，这是一类专门为资源不足的学校建造学习型菜园的项目。金博尔还创办了一家名叫"方根"（Square Roots）的公司，这家公司旨在教年轻的企业家们实现城市农夫的梦想，类似于怎样利用回收的集装箱在停车场建造菜园。

回首过往，那些他在十二岁时所热爱的事物都是那样的意义非凡。

当托斯卡还是一个十二岁的七年级学生时，她的戏剧老师决定不再继续运营戏剧俱乐部，于是托斯卡接手了这个俱乐部。

我女儿一直都是个出色的演员，她从很小的时候就迷上了戏剧、舞蹈、表演和音乐，而且她一直都非常热爱电影。

在约翰内斯堡，每周五晚上我们俩都会挤在沙发上，一起看爱情电影和吃冰激凌（当然我现在不会这么吃了）。她也喜欢到每一个表演艺术俱乐部转悠。因此，我对托斯卡后来选择的职业丝毫不感到意外。现在她既是一名拍摄原创电影的导演，也在自己的公司担任编剧，将爱情小说改编成电影。

我总是很兴奋地盛装打扮，然后去参加她的电影首映式，和她一起走红毯。

许多父母为孩子有操不完的心，我在做营养咨询的时候看到过这样的案例。为了让孩子进入一所好的学校，父母需要填写大量的表格，其中有些人甚至会因为这样的压力而开始暴饮暴食。对此，我的建议是：无论是为了入学还是求职，都应该让孩子自己准备所有文件。孩子们应该学会对自己的未来负责,而父母只要给予支持就可以了。举个例子,如果孩子更喜欢创业,而你认为这个主意不错,那么就支持他们。作为父母,你可以教你的孩子养成良好的习惯,但是你无法帮他们决定他们未来想做的事情。

尽管我从未预测到,我的孩子们会创办特斯拉①、太空探索技术公司②、"厨房"餐厅、"绿色巨人"或热情亚麻电影公司,但现在我看到的是埃隆在科技方面的建树、金博尔在食品行业中的成果和托斯卡在电影方面的收获,这一切源于他们童年时代的兴趣爱好。

---

① 特斯拉,一家美国电动车及能源公司,产销电动车、太阳能板及储能设备。——译者注
② 太空探索技术公司,一家由贝宝(PayPal)早期投资人埃隆·马斯克于二〇〇二年六月创立的美国太空运输公司。——译者注

13
重新出发

如果在聚会中看到有人孤身一人，试着跟他交谈

重新开始很难，特别是当这意味着要搬家去一个新地方的时候。

成年以后，我搬去过八个城市。我在搬家后的第一年通常很孤独，第二年才会有几个好友，但到了第三年，我已经可以交到许多让我真心喜爱的朋友了。从头开始真的很艰难，我只需要接受这个事实。于我而言，造成这种状况的主要原因是我一直单独工作，并没有一个可以和同事交流的办公室。这也是为什么我会与当地所有的营养师同行联系，并且想办法把大家聚在一起。有些人和我成了朋友，有些友谊甚至持续至今。

如果你打算在新的地方从头来过，那你必须走出家门。千万不要坐以待毙，更不要让自己一味地沉浸在孤独中。幻想友谊和事业从天而降毫无用处，你能做的只有走出家门，开始跟人们交往。那些你遇见的人也许能给你带来未来的工作机会，或成为你未来的朋友和伙伴。众所周知，在找到那只可以变成王子的青蛙之前，你必须亲吻很多青蛙。在新的地方应酬交际，很多人都会感觉这就像完成一份工作。这种感觉没错，因为这件事的重要性跟工作没有什么两样。

在聚会中独自一人并不容易，通常你会感觉压力巨大。大家都在彼此给予飞吻和拥抱，而你谁都不认识，只能呆呆地站在一旁。你融入不了他们的小圈子，更不能打断旁人的谈话，因为那会非常奇怪。但是，如果你足够幸运，你会遇到友善的人主动过来和你打招呼。我有时给自己一小时的限期，如果一小时之后仍然没人跟我讲话，我就会离开这个聚会。不过，这种事儿几乎很少发生在我身上。

我在三十一岁刚离婚的时候学会了这一点。一位朋友对我说："多出去走走，这是你在一个新城市交到新朋友的唯一途径。"我照他的话做了，但我常常感觉自己和大家格格不入。

自那以后，我意识到每个人都会有这种感觉。有时候，甚至名人也会觉得自己孤苦伶仃。当我在布隆方丹经营模特学校时，有一次我被要求带着学生们去机场欢迎环球小姐。当我们到达那里的时候，那位女士孤独地站在那里。出于礼貌，我并没有主动接近她，而且我不想让自己显得很突兀。

突然我想说："就是那种感觉。"那正是我曾经在派对上所经历的，那时我谁也不认识，只能木讷地站在一旁，直到有人可怜我，与我交谈为止。

我走过去说："你好，我是模特学校的校长，欢迎你。"

她说："谢谢你和我说话！一个人孤零零地站着真的太可怕了！"

所以请记住，即使是环球小姐，她在派对上也会感到尴尬。

带着新拿到的硕士学位，我从布隆方丹搬回约翰内斯堡，这样我就可以离我的家人更近。但我必须迅速开办我自己的诊所。

如果你是一名上班族，每天都是同样的人围绕在你身边，这非常有利于你开拓交际圈子。过去我的社交目的非常单纯，我从来没有想过要利用人际关系来发展事业，我与同行们的交往仅限于了解彼此近况，或者分享我在营养咨询中的成功案例。我希望有更多的营养师可以开办自己的诊所，同时消除所有流行的错误饮食观念。然而，我的同行们对我非常友善。他们给我推荐了大把演讲、做发言人、进行媒体曝光的机会，并给我送来需要咨询的客户。不要孤单地坐在那里等待电话响起或者邮件到达，多与他人交流才可能让你的业务出现转机。

我的策略就是，接受所有的邀请，尽可能加入每个我能加入的协会。因为加入了营养学协会，我顺利拿到了我所在地区的所有营养师的名单。如果能加入一些组委会就更好了，这样你就可以持续见到同一批人，这也为你提供了慢慢了解彼此的机会。我也着手策划聚会，聚集所有的私人执业营养师和那些正准备自己单干的营养师。在聚会上，我可以为他们提供一些成功建议，然后把剩下的时间留给大家彼此交流。我从中认识了不少新人，也帮助其他营养师建立了小圈子。我的同行们都很感激我所做的这些事，所以我决定继续。

在那段时间里，我收获了一大批忠实的客户。两年之后，我的事业更加蓬勃，甚至一天之内就得接受二十个客户的排队咨询！

然后，意料之外的事发生了，我家庭办公室的电话电缆线被破坏了，我的电话因此停止了工作。那时候还是二十世纪八十年代，南非还没有制造电话电缆的产业，需要用六个月才能把电缆从欧洲运到这里来。

除非客户上门求诊或者写信，电话是我进行所有咨询和接收预约消息的唯一工具，也是我的客户能够联系到我的唯一途径。更糟糕的是，那时也没有短信，我无法告知所有人我的电话出现了故障。如果有人给我打电话，他得到的结果只会是电话忙音。要想解决这个问题，我需要一个计划。随后我以为我找到了解决办法，我买了个寻呼机，并把寻呼机号码写信告诉了我所有的客户和医生同行，这样他们就能知道，通过给我打寻呼机也能找到我。我会想办法找到一部电话，回电话给他们。

但是这个计划根本行不通。三周以内，我的客户锐减，每天只剩一个。

我快要崩溃了。那时我的收入一直在减少，我完全不知道该怎么办。

在我组织的一次同行会议上，他们告诉我，他们一直在给我打电话，但我的电话总是占线。我当场就崩溃到大哭起来，然后让人感动的事情发生了。他们告诉我，我已经整整帮助了大家两年，现在到他们回报的时候了。接下来，他们把自己的六份兼职顾问工作转交给了我，包括疗养院、私人诊所、婴儿喂养研究、写作、教学，以及在超市给出营养建议。这些工作都不需要用电话，而且我每周做每项工作只用花四到八个小时。能够再次获得工作机会让我很激动，而且我还可以借此去探索之前从未接触过的营养学新领域。

电话线修好之后，我的诊所终于恢复了运营。不过，此时我变得比以往任何时候都更加忙碌！做顾问已经成为我的一种新的收入方式，我在后来的营养学职业生涯中都因为这个受益匪浅。有时候，接受帮助就是最好的计划。

在我的孩子需要一份工作的时候，仍然是我的营养师同行们帮了大忙。那时我们刚刚搬到多伦多，埃隆急需一份工作。在一次行业会议上，我提到了我儿子的求职问题，在场的一位营养师的丈夫正好在微软工作。

"我儿子对电脑很在行。"我知道每个母亲通常都会像我这样说。但是这次,他们非常惊讶地发现我说得没错。

在我的整个职业生涯中,我一直在努力帮助他人取得成功。助人者人恒助之,令人惊喜的是,有时候我也会从他人那里获得支持。不过,请记住,帮助别人的目的不是获得回报,你这么做只应该是因为你喜欢,而且这样也可以让其他人做得更好。

因为这些年的工作,我在七十一岁的时候拥有了最好的一群朋友。而且,我会继续在当营养师和模特的道路上结交更多这样的朋友。

现在,无论我去参加什么活动,只要看到有人孤零零地站在那里,我都会走到他跟前,请他加入我和朋友们的谈话。如果你在聚会中看到有人孤身一人,也请你和我一样,试着跟他交谈。也许这样做会让你感到尴尬,但事实上这种情况根本不会发生。大多数情况下,你会通过这种方式认识到和你一样善良的好人。

14
如果有必要,换个地方生活

如果向前的时机来临,那么应该冒险一试

人生瞬息万变,而且处处充满惊喜。有的时候你需要勇敢冒险,做出巨大的改变。

当我四十一岁的时候,我在约翰内斯堡的事业蒸蒸日上,我和孩子们也有了一栋漂亮的房子。我终于不再惴惴不安。

也就是在那个时候,埃隆想要搬到加拿大去。对他来说,北美显然更适合他去追寻对电脑的兴趣。他让我去申请恢复我的加拿大公民身份,这样我的三个孩子也都能拿到加拿大的公民身份。

托斯卡十分赞同这个想法,而且她觉得换个国家肯定会带来更多乐趣。托斯卡在十三岁时就想去法语联盟^①学习法语,为我们

---

① 法语联盟(Alliance Française)是一家著名的语言文化推广机构,致力于传播法语和法国文化。——编者注

可能要搬去加拿大而做准备。她也曾在书上了解到法语是加拿大的第二官方语言，因此她对这门课程一直都兴趣盎然。

我跟她一起去上了法语课。由于我之前学过法语，因此我被分到了高阶班。那时法语联盟的每一个班级都在举办演出，而我们班急需一位歌剧演员，但貌似我们每个人都没有这方面的天赋。

我说："我的女儿可以胜任！"

他们说："可是她还在初级班！她都还不会说法语。"

"我们会解决这个问题的。"这是我的回复。

我们租了金色的歌剧院礼服和假发，托斯卡需要用法语表演。尽管那时她还很小，连法语都还不会说，但她接受了这个挑战，并表现得相当不错。

没有人认出托斯卡！有人开始抱怨不公，他认为我们请来了一位专业歌手。当大家发现台上站的是十三岁的托斯卡的时候，他们都惊呆了。

不过托斯卡仍对自己不精通法语而感到恐慌。因为在南非，如果你没有通过南非荷兰语的考试，你的所有成绩就都会不及格。她确信我们会搬家，因此认为如果她到了加拿大却不会说法语，她的所有科目也会受到影响。

准备工作花了很长时间，当护照终于到我们手里的时候，离埃隆出发的时间只剩下三周，那时他只有十七岁。

我给了埃隆一本地址簿和一张两千美元的旅行支票。这笔资金来源于二十年前我第一次参加选美比赛时赢得的一百兰特,那时一个朋友让我把奖金拿去炒股,但是一九六九年股市大跌,我的一百兰特跌到只剩十兰特。我在埃隆出生以后以他的名字开了一个股票账户,并把这件事情忘得一干二净。一九八九年我突然想起了这个账户,此时账户的市值已经到了两千美元。我把这笔钱给了埃隆做生活费,他可以用这笔钱在加拿大支撑一段时间。

同时我也写信给我在加拿大的家人,通知他们我儿子即将过去。信件经过六个星期才被送到,而埃隆那时肯定早就抵达加拿大了。

在蒙特利尔下飞机后,埃隆给我的叔叔打了电话,但是无人接听。他用对方付费的电话给我打过来问道:"现在我该怎么办?"

我让埃隆去基督教青年会住下,随后他去多伦多找他的另一个叔叔。遗憾的是,这个叔叔也已经搬家了。万般无奈之下,埃隆只能坐上大巴,去萨斯喀彻温省找我的堂兄妹。

很快,我的堂兄妹家门口出现了埃隆的身影。他自我介绍说:"嗨,我是梅耶的儿子。"然后他在那里过了他十八岁的生日。

此时托斯卡即将满十五岁,她对我说:"也许我们应该去和埃隆会合,顺便看看他在做什么。"

但那时我已经被开普敦大学录取攻读博士学位。

我说:"让妈妈先在这里拿到学位,随后我们就过去。"

她说:"如果我们现在不搬家,那我就自己先去加拿大,埃隆会照顾我的。"

我觉得她是在异想天开，但是我也答应了托斯卡我先去一趟加拿大看看。尽管我毫无搬家的想法，但是既然埃隆已经在那里了，托斯卡又如此坚决，那不想让步的我至少可以自己先过去看看情况。

我请两位营养师同事在我出国期间帮我管理诊所，同时他们也同意住在我家，以便照顾托斯卡。

于是我去了加拿大寻找机会，埃隆和我拜访了五个省的每一所大学。所有大学都愿意录取我，除了蒙特利尔大学，因为他们觉得我的法语水平对于做研究工作来说还不够好。

多伦多大学看起来是个好的选择，因为他们会聘请我做研究员，而且每周我只需要工作十个小时。这样我就可以一边做咨询，一边学习，同时继续我的模特工作。要知道，多伦多也是加拿大的一个模特聚集的城市。同时，因为我是大学的工作人员，我的孩子们的学费可以全免。

我去了加拿大的五个主要城市，走遍了所有模特经纪公司进行面试。那时我已经四十出头，因此我并不太确定我能够得到什么样的待遇，但是每个经纪公司都同意聘请我做大龄模特。

我在三周后返回约翰内斯堡，却发现托斯卡把我的房子、家具和车全部变卖了。这个五英尺十英寸[①]高的女孩根本就没有考虑过自己只有十五岁，更没想过自己是否已经得到了许可。房子里

[①] 一英寸为二点五四厘米。——编者注

的全部家当被她售卖一空，当然，我车里的物品也遭受了同样的命运。

我唯一能做的事情就是在文件上签字，然后一切结束。几个星期后我和托斯卡离开了这个国家。我的计划是让金博尔继续在南非完成学业，然后再过来与我们会合。

很多人都会问我，为什么在托斯卡卖掉我的房子、车和家具的时候我没有生气。这是因为我觉得孩子说得有道理。之前我们讨论过我们最终会搬去加拿大，她只是想加快这个进程而已。如果你的家庭成员提出了一个好想法，哪怕后来的变化出人意料，作为家人的你面对现实就行了。

对于我们整个家庭来说，搬到充满新机会的多伦多是件好事。尽管我在约翰内斯堡的事业正处于巅峰，那里的生活也让我很快乐，但既然孩子们已经预见到了他们在美洲的未来，那我们就可以把加拿大当成一个新的出发点。我们知道万事开头难，但是一旦我们能够克服困难，从长远的角度来看待这个决定，其实我们受益无穷。

而且从眼前来看，我还获得了另一个惊喜——从此我再也不用害怕我的前夫了。在经历二十年噩梦般的生活之后，不再担惊受怕的感觉真是太美好了。如果你与我的情况不同，无法确定选择离开对于自己和家人来说是否正确，那你可以先试试看，大不了以后再回来。不过，自从我搬离南非，我再也没有回去过。

如果向前的时机已经来临,那么你应该冒险一试。至少给自己三年,倾尽全力去适应新的环境。如果三年之后你的生活仍然没有得到改善,而且你也并不快乐,你可以回到原点。

15
收获善意的力量

善待陌生人,并学会寻求支持

人们有时会对子虚乌有的想象感到恐慌,但可怕的事情其实可以在任何无法预见的时刻发生。不要在这上面纠结。你可以充分做计划,也可以认真准备,但你也得明白没人可以未卜先知。托斯卡一直很担心语言障碍,所以我们做了学习法语的准备,但当我们搬到多伦多时,我们发现那个城市没有人说法语。

我们已经尽全力准备,但仍然有很多事情出了差错。幸运的是,我们收获了许多善意,有些来自朋友,有些来自萍水相逢的陌生人。

在我们离开南非之前,有个朋友告诉我们,多伦多的一位好心人可以把一套带家具的公寓租给我们几个月,并且我可以从南非付款给他。这是我收到的第一份善意,它对我帮助太大了!因为南非政府会在我离开以后冻结我的资金，而且也不允许我带超过两千美元的现金出境，所以我需要立即支付房租。

托斯卡和我搬到了多伦多，住进了一套只有一间卧室的公寓。托斯卡和我睡在卧室的床上，埃隆则睡在客厅的沙发上。我们到达多伦多的时候是十二月，那时天气非常冷。我们的穿着就像来自迈阿密，根本不适合那种寒冷的天气。我们应该是从我的姐姐和母亲那里借了外套，而这些衣物已经有二十年或五十年的历史了。

我们有太多东西需要学习了。我对这座城市一无所知，连出门溜达都会觉得晕头转向。我肯定是买不起车的，所以我总是选择坐地铁和公交车。我唯一知道的是，乘坐地铁和公交车都需要用到一个卢尼，它是加拿大的一元硬币，拿在手里沉甸甸的。

在最初的几个星期里，我会带着一大袋一元硬币坐公交车。我用这些硬币买地铁票，然后付公交车费，因为我得去很多不同的地方试镜，同时还要找一个可供出租的公寓。

有一天，我在公交车上看到有一些游客向公交车司机要求换乘，他们拿着换乘卡去了地铁。于是我问道："这里可以换乘吗？"

学到这件事真是太好了。我已经得到了一些模特工作机会，但为了到达工作地点，我不得不在路上花费很长时间。现在我可以用换乘卡去任何地方，再也不用提沉重的硬币袋，这不仅减轻了我双手的负担，也减轻了我经济上的负担。

四十二岁的时候，我急切地想在多伦多开始执业，但我必须先成为一名注册营养师，这意味着我需要通过加拿大的考试。同时，我还要参加多伦多大学的五次本科生考试，以证明我的成绩符合研究工作的要求。为了注册营养师执照，我必须与刚毕业的二十岁出头的营养学专业的学生一起进行相同的考试。幸运的是，我第一次就通过了。这也是我第一次用全英语学习，真是太棒了！

我忽然发现，有一次考试的日期居然与我拍摄电视广告的时间冲突了。那时我的经济状况让我根本无法放弃这份工作。此时，一个令人难以置信的善举又出现了，营养学系的一位营养师同意把我的考试时间换到另一个下午。

在一次营养师会议上，一位同事说她无法每周两晚在大学教授儿童营养教育课程，于是她把这个职位给了我。这时，学院也终于愿意承认我在南非获得的理学硕士学位，我不用再去参加注册营养师考试了。就这样，我突然获得了另一份工作。

与此同时，我仍然在做模特。对我来说，在人群中找出谁是模特简直太容易了，因为模特都又高又瘦，而且都提着一个巨大的包包。平日里我们都需要带上自己的鞋子、首饰、假发和发饰，自己做发型、化妆，这跟参加高级定制秀完全不同。

我有许多做模特的经验，但这些经验和工作方式貌似只在南非才有用。

当我第一次在多伦多参加彩排时，我需要扮演新娘的母亲。

制片人说："你为什么穿凉鞋？你得把它们换成软管和泵。"

我完全不知道她在说什么。

我说:"我又不是消防员,要什么软管和泵?"在加拿大,软管是长袜的意思,而泵则代表高跟鞋。但那时我怎么知道?有些东西只有你在搬去当地之后才能学到。

制作人打电话给我的机构投诉我。当时我的眼泪在眼眶里打转,因为我需要工作,而且他们这么对我并不是因为我的表现不够专业。一位模特无意中听到了投诉,她对我说:"多伦多有一家鞋子只卖十九美元的商店。"

我去买了一双银色的鞋子和一双金色的鞋子。在经济状况有所改观之前,我每次走秀都穿着它们。这次我收获的善意来自一位模特。

我飞往多伦多时正值隆冬,但是航空公司弄丢了我的行李。我所有的衣服和学位证书都不见了,只有装满托斯卡的毛绒玩具的袋子毫发无损地到达了目的地。

我买不起新衣服,因此在找到行李之前,我只能一直跟埃隆和托斯卡借衣服穿。我不得不向人们解释为什么我会穿得这么奇怪。

我一直在说:"不好意思,我这么穿是因为我的行李被弄丢了。"

我每个月都租一辆车去机场,向航空公司询问我的行李情况。每个月他们都会说:"对不起,我们现在还没有找到。"

几个月后,我又向我在多伦多遇到的一个人解释了一遍我的奇怪着装。

他说:"这是什么情况?航空公司竟然找不到你的行李?我马上带你去机场。"他随后开着车带我一起过去,这次我终于不用付租车的费用,真是太棒了。当然,这个人其实并不知道那时我有多么窘迫。

我们一起去了航空公司办公室,一进去他就说:"我是她的律师,你们必须找到她的行李。"

对方回答道:"好的,先生。"

事实上,我的这位朋友是个会计。我哈哈大笑起来,觉得一切真是不可思议。

就在第二天,航空公司打电话给我的朋友:"我们在墨西哥城找到了行李。"三天后我拿到了我的两个大包,其中只有一个有点轻微损坏,还有一件毛衣被弄丢了。但谢天谢地,我的学位证书还在包里!

这次我遇到的善举简直绝妙,尽管这个好心人只是一位假冒律师。

我曾有一份模特工作,地点在密西沙加,从多伦多开车到那里需要四十分钟——前提是你有车。那天当我醒来时,外面正在下雪。不过既然需要这份工作的人是我,那我就必须找到方法到达工作地点,即使在暴风雪中也是如此。于是我把鞋子装进我的大包，然后出发了。我需要乘坐两班公交车、两班地铁，再转两趟公交车，然后在三英尺厚的积雪中步行大约四百码才能到达摄影棚。

我完全看不见人行道。一根灯柱孤零零地伫立在路边，前方只有一条车道。我猜人行道就在它们之间，但我的眼前只有一片空白。作为路上唯一的行人，我艰难地穿过了三英尺厚的积雪，终于到达了摄影棚，全程总共花了两个小时。

当我登记时，他们说："谢谢你在这种糟糕的天气里开车前来。"

我说："不，我是坐公交车来的。"他们目瞪口呆。

拍摄完毕之后，我疲惫地穿过厚厚的积雪，走回那条车道。

在我前面很远的地方，在路的尽头，我看到一辆公共汽车停了下来。我继续往前步行，当我经过这辆车时，司机打开了车门。

我问："您的车被卡住了吗？"

他说："没有。我正好看到你在步行，所以停下来等你，要不然你只能一直这样走到公交车站，别的地方都停止通行了。"

当时我是那辆公交车上唯一的乘客。这次的奇妙善举来自一位公交车司机。

我由此学到的一课是：心怀对来自陌生人的善意的感激之情会让你幸福满满。在我写这本书时，我才意识到有多少人曾经对我那么好。回首往事，那时的一幕幕统统浮现在我的脑海里。由于人们的善意，我的生活压力大为减轻。他们帮助我从许多不适应、痛苦或者困难的情形中摆脱出来，但从未期望得到任何回报。他们都是善良的人，而且我遇到过无数这样的好人。请你感激生活中的那些美好。当你身处困境的时候，学会从家人、朋友甚至陌生人那里寻求支持。作为回报，你也应该善待身边的陌生人。

成功

一切与年龄无关

关于

第四部分

16
越努力,越幸运

如果你并非生而显贵,你需要找到你的天赋,并努力工作

我父亲的座右铭是:"越努力,越幸运。"人们会跟我讲我父亲的成功故事,然后对我说我有多幸运。但他们错了。我的家人和朋友已经看到了我的辛勤工作和我的奋斗,也想让我在书中分享我自己的故事,他们没有一个人说我幸运。无论是出现在时代广场的广告牌上,还是在六十九岁时成为彩妆品牌"封面女郎"的代言人,我的确看上去像个幸运儿。但请不要忘记,你的运气只能通过自己的努力来创造!

我和孩子们带着很少的现金就到了多伦多。靠着勤奋的工作,我们曾经在约翰内斯堡生活得很舒适。但因为资金被冻结的关系,在加拿大的我们只能一切从头开始。

那时我们四个人都在念书。以交学费的名义,每个月我在南非的会计能够给我们汇出一小笔款,这笔钱可以被用来支付我们的食品开支。每周我会花十个小时去做研究员的工作,这笔薪酬被用来支付房租。此外,我一到加拿大就开始做模特,我们的其他花销都是用这份收入来应付的。

同时我也立即开始了在加拿大的大学工作,忙得晕头转向的我根本没时间去帮托斯卡找学校。

托斯卡只能靠自己,她收集了一大堆学校的介绍册,这样她就可以从中选择在家附近的一所学校。在解决了学校问题之后,托斯卡回到家里,她忽然意识到自己在家根本无事可做。因此她去了旁边的一家汉堡包连锁店找工作。

他们问托斯卡:"你想工作几天?"

托斯卡说:"我可以每天都工作。"

他们回答道:"每周的合法工作时间只有六天。"

然后他们问她每天想工作多久,托斯卡的回答是十二个小时。他们又解释说法律只允许每天工作八个小时。那是托斯卡第一次了解到法律是什么,也是她第一次为别人打工。

她立马就在那里工作了一整天。后来,上学前和放学后她都在那里打工。

在汉堡包连锁店,托斯卡负责拖地板、倒垃圾和打扫厕所,这些都是她以前从未做过的事情。对托斯卡来说,加拿大是另一个世界,这与她之前在南非习惯的人生截然不同。在南非,她有一间按她的要求设计的独立卧室，还有占一整面墙的衣橱。她拥有整栋房子里最好的房间。

现在她只能和我共用一间卧室，并在一家快餐店打扫卫生间。

但托斯卡认为这是一次冒险奇遇。她对自己说："这就是任务罢了。"她做到了，而且从不抱怨。

她整整吃了一个月的汉堡包和炸薯条。这种体验太新鲜了，因为在南非她从未吃过快餐。她只做了一个月的清洁工，然后就被提拔为汽车餐厅的经理助理。

最终，托斯卡找到了一份新工作，工作地点离我们家更近了。这一次是在一家高端超市，而且工资几乎翻了一番。对她来说，这是一门她永远无法忘怀的经济学课程。

现在，托斯卡已经成长为一个出色的谈判者。她对所有为她工作的人都很正直、公平，那些拥有高尚的职业道德，并且能够长时间工作的人都会受到她的重用。

在多伦多的生活并不容易，但我们都在快速学习。那时，尽管我有一份模特的工作，但我无法办理信用卡。因为没有信用评级，银行拒绝了我所有的申请。这意味着我们只能靠手头的现金过活。只有等我拿到模特工作的薪水，我们才能去买其他的生活必需品，比如暖和的大衣和鞋子，或者家里要用到的亚麻布和毯子。

无论我联系了多少家银行，由于没有信用记录，我一直都拿不到信用卡。可是没有信用卡，我无法开始在这个国家建立我的信用记录。如果我不建立信用记录，我就不可能租车、租办公室或者其他任何东西。但是，没有一家银行愿意为我破例。

有人告诉我，百货公司的政策会宽松一些，他们让我去申请一张商店专用信用卡，这样我就可以开始建立我的信用记录。

我去了伊顿，那是一家大型的高端百货商场。

他们拒绝了我。

工作人员解释说，他们无法确保我会按时还信用卡。但办公桌上方的墙上正好贴着一张母亲节海报，而上面的那位模特就是我。我向他们指出了这一点。

他们终于满意了，于是说："我们会给你办一张卡。"

那真是喜从天降。然后我回忆起之前为伊顿百货拍摄时，我不得不从大学请了一天假，坐地铁再转公交车去摄影棚，非常辛苦，但这一切真的值得。

表面上看，我是含着金汤匙出生的孩子，我有很好的父母，他们给了我良好的教育，但是我用自己的收入继续接受教育，这也就是我能够成功地在三个国家的多个城市开展我自己的事业的原因。从我的模特工作上来讲，我长得像我美丽的母亲，也从我英俊的父亲那里遗传了身高，因此我很幸运。模特事业给了我少量的额外收入，而且，在我七十一岁的当下，这份收入已经变得非常优渥。或许我可以把这一切称为幸运，但是你得知道，为了这项事业，我已经努力了五十年。直到现在，每一分钟、每一小时、每一天，我都仍然在努力地维持我的健康和身材。这不是幸运，一切都是努力的结果。

如果你并非生而显贵，你需要找到你的天赋，并努力工作。你可以通过社交媒体和你周围的每个人分享你的成果。我建议你忘记自己的出身。有句谚语说："二十一岁意味着再世为人。"这句话的意思是，你需要对自己的未来负责。工作越努力，运气就越容易找到你。

17
追求自己想要的东西

没有绝对的"yes",但是如果你没有开口,那答案绝对是"no"

当孩子们还小的时候,我总是教他们,想要什么就得自己主动争取。

在托斯卡十一岁的时候,我带她去看美国歌手萝拉·布兰妮根的演唱会,她是萝拉的铁杆粉丝。音乐会在一个度假酒店举行,我刚好认识里面的一位摄影师。他知道我们买不起门票,因此送了我们两张,同时他还给了托斯卡一张萝拉在舞台上唱歌的现场照片。

当我们第二天在一家餐厅坐下时,令人难以置信的事情发生了,萝拉本人竟然就坐在我们旁边吃午餐。

托斯卡想要她的签名,但是又觉得害怕。她不停地说:"我不敢过去,我不敢问她。"

我说:"好吧,如果你不开口问她,那结局就注定是不行,但如果你愿意尝试,她还有答应你的可能性。总之,你的答案要么是绝对的'no',要么是充满可能性的'yes'。"

托斯卡想了想说:"好吧。"

她走了过去,向萝拉开口提出请求。

起初萝拉说:"等等!你是怎么拿到这个的?"她之前从未见过这张照片。在托斯卡告诉她照片来自一位度假村的摄影师之后,萝拉在上面签了名。托斯卡开心极了,这对她来说是一个她永远无法忘记的、里程碑式的巨大成功。

当托斯卡为她的电影公司寻找投资者时,金博尔说:"投资者继续与你见面就意味着他们对你仍有兴趣。"她发现这是真的。

如果他们坚决地拒绝了你,那么你应该换一个目标。

但是如果他们并没有说"no",你就必须继续尝试,直到你得到那个"yes"为止。

每次搬家到一个新的城市,我就得重新开始我的营养咨询业务。这项工作在南非时相对容易得多——医生们总是对我的到来很兴奋,会马上把病人送到我位于他们诊所附近的办公室。这就是为什么我曾期望在加拿大收获更多的热情,结果却事与愿违。

如果我想要接诊,那我必须自己主动争取机会。于是我开始写信给多伦多的医生们,告诉他们我能够帮到他们的病人。但是我发现大多数信件都被忽略了,因为它们到了办公室主管的手里。

不过，如果你发出信的数量足够多，通常来讲你还是可以期待得到一些回复的。

当我在多伦多寄出第一批信件后，我以为我的手机坏了，因为我竟然一个回复电话都没有接到。于是我开始挨个儿给医生办公室打电话，大多数办公室主管都说医生不想见我。但是我相信，如果我继续打电话，我肯定可以联系到二十位同意见面的医生——我成功了。我遵循了之前给托斯卡的建议：世上没有绝对的"yes"，但是如果你没有开口，那答案绝对是"no"。

我终于可以坐在候诊室等待面谈了，即使有时需要等上一个小时。我向医生们提出请求，请他们把那些患有早期糖尿病、高胆固醇或高血压的病人介绍到我那里。我知道，如果我能让他们改善饮食习惯，他们的血值将在三个月内得到改善，而且还可以有效地避免药物副作用。

医生不愿意把病人介绍到我这里。他们会说："保险公司不会为营养咨询买单，因为保险计划里面已经包括了一些减肥药物。"

或者他们会说："患者不会听你的。"

我知道，如果我能得到机会，患者一定会听取我的建议；如果医生能够给我几个患者，我会用最终的结果来证明自己。良好的饮食习惯可以让人精力充沛，也可以让人信心满满，但这些都需要时间和毅力。这也就是为什么有那么多人需要找我做营养咨询。最后，四位医生尝试性地给我推荐了几个病人。

成功不可能在一夜之间就降临。那些一开始带着高血糖诊断书过来的病人，如果能够做到连续三个月坚持自己的饮食计划，不仅他们的体重会减轻二十磅，他们的血糖水平也会恢复正常。与此同时，他们患糖尿病的风险也会大大降低。

　　当病人的化验结果显示他们的症状明显得到改善时，医生们都注意到了这一情况，我开始变得非常忙碌。六个月之后，我的咨询时间从早上七点半一直排到了晚上七点半。我只有在周末和假期才有时间做文书工作，比如寄出病人的报告、寄出更多诊所介绍的宣传册。同时我开始向报纸、杂志和电视台寻求媒体合作，不过这几乎是不可能的任务，因为他们对还是个无名小卒的我毫无兴趣。

　　为了获得更多的知名度，我参加了许多营养学家会议。每次我都会在会上发表演说，希望可以借此获得更多的演讲机会。这同样是一个漫长的过程。在每次做完关于营养学的演讲之后，我都会把印有我的诊所介绍的宣传册寄给合作单位。在下次做完演讲之后，我又会重复一次相同的步骤。到最后，我真的发表了许多次演讲，并开始为食品行业做咨询。很快，我担任了安大略省营养师咨询协会的主席。再后来，加拿大营养师咨询协会主席的职位也向我伸出了橄榄枝！当时，媒体不停地打电话给我，要求我对新闻中有关营养的问题或事件发表评论。

　　一九九四年，在来到多伦多四年后，我在加拿大饮食协会做了一次演讲，其中的一位观众是出版社的高管。

她在听完我的演讲后对我说:"我想让你写一本书!"
这一切都是因为我的坚持。

有些女士可能很害羞、缺乏自信,或者害怕被拒绝,因此她们做不到主动追求自己想要的东西。男人们看上去却似乎没有这样的问题。无论他们多么讨厌或多么无能,他们都会自我感觉良好,认为自己理应得到升职、加薪和更多福利,可以自然地开口去要一个角落里有窗户的办公室——我经常看到他们这样做。

我记得我遇到过一个刚被解雇的人,当我问她打算去哪里找下一份工作时,她竟然回答说她选择听天由命。赶紧寄出简历难道不是更好吗?如果你寄出二十份简历之后却仍然找不到工作,欢迎前来与我谈谈!

不过,是否坚持需要视情形而定,并不是万事都要"死磕"。如果你开口询问之后,对方的答案是"不",此时你就应该放手,换个目标继续前进。但是如果你已确认这就是自己的真正目标,那你就应该一直追寻下去。

18
尽可能保持积极乐观

你会经历许多次打击，你也会恢复得越来越快

　　我的孩子们都顺利上了大学，而且百分之百都是他们自己做的决定。那时我在多伦多大学，如果我的孩子申请医科或者法律专业，他们本可以在那里免费就读，而且跟我住在一起还不需要付任何房租或者伙食费用。但三个孩子都选择了自力更生，埃隆挑了物理专业和商科，金博尔学了商科，而托斯卡的专业是电影。他们自己申请助学贷款，自己设法养活自己，而且都成功了。我很高兴他们选择了独立和走自己的路。当然，他们这么做很有可能是因为他们喝腻了我做的豆汤。

　　大家说，我可能会患上空巢综合征，因为我一直把孩子们视作生命。这貌似说得通，因为我的许多客户在面对孩子离家时都会感到异常伤心，我也曾经认为这个场景会在我身上重演。但是，竟然没有！我爱死了这种感觉。的确，别人的问题并不一定会出现在你的身上。我记得一位九十岁的老人说过这样一句话："你担心的事情中的百分之九十五永远不会发生。"

托斯卡离开的时候，我说："我真不敢相信我自由了。"

二十年来，我第一次独自生活。从此我可以在晚上锻炼，不用关心家里吃什么，我甚至还可以光着身子走来走去！——不过，在试过一次之后，我觉得还是套上一件T恤更好。然后我签下了我的出版合同，每个晚上我大约会写作五个小时，周末则是十二个小时。我用了三个月来完成我的初稿。

我迫不及待地想和我的孩子们分享。

我每个月都会去探望一个孩子，因此我每个月会存下两千美元，然后用这两千美元支付我的机票钱和买任何他们需要的东西。我会找到最便宜的航班，然后坐公交车去机场——我负担不起机场班车的费用。有时我甚至可以只花一百五十美元买机票，然后把剩下的钱都花在孩子们身上，不管是食物、衣服还是家具，孩子们想要什么都可以。

有一次我去沃顿商学院[①]探望埃隆。我说："你想干点儿什么呢？"

埃隆说："我们去纽约吧。"

[①] 宾夕法尼亚大学沃顿商学院创立于一八八一年，是美国第一所大学商学院，也是世界上历史最悠久、学术声誉首屈一指的商学院。——译者注

我们坐火车去了纽约，像所有游客那样四处闲逛。当我们坐在洛克菲勒中心的时候，我给埃隆看了我的手稿。整本书都是关于卡路里、新陈代谢、必需的营养成分——都是我认为很迷人的信息。

埃隆开始翻阅稿子，然后他说："太无聊了。"

我问他："你什么意思？"

他说："为什么每天会有二十五个客户来找你？想想他们到底需要了解什么？"

我说："嗯，他们来找我寻求营养建议。"

"那么这才是你应该写进书里的内容。"他说。

在那个年龄，埃隆已经显示出他非凡的智慧，因此我听从了他的建议。从那时起，每当有客户来找我咨询，我都会告诉他们我正在写一本书，并询问我是否可以在我和他们的会面中记录素材，我保证不会提到他们的名字。

他们对这本书提出了很多建议！除了怎样控制饮食，他们还想让我谈一谈形象的改造和自我尊重，因为我总是让他们改变发型、穿着、站立的姿势，并且要求他们来见我的时候保持微笑。

这些都被我放进了书里。当我再一次给我的孩子们展示书稿时，他们的反应变得热情一点儿了。我得到了每个人的帮助。金博尔帮我审稿五次，托斯卡说她审了六次。我记得我母亲大声朗读了这本书，以便确认文字是否通顺。我很幸运，我有一个温暖的家庭，我们因为互相帮助而取得了成功。

当出版商收到最终的书稿时，他们给它取名为"妙不可言"，因为这就是他们阅读时的感受。他们还希望让我上封面，并且为我的照片拍摄付了费。我聘请了一位我认识的摄影师，让朱莉娅来做我的造型设计。我穿上了一套宽松的红色西装，这是我有史以来买过的最贵的西装。不过，这套西装相当物有所值，因为我在后来的演讲中一次又一次地穿着它。那个年代没有社交媒体，所以没有人发觉我每次演讲时都穿着同样的衣服。

终于，我觉得我的各项事业完美地融合在了一起。我演讲的次数在增加，这也促进了这本书的销量。有一次，我在家乐氏[①]的总部发表演讲。在演讲中，我提到了饮食健康和自我尊重的联系：当你的自我能量更多，饮食更有营养的时候，你也会感觉更好、更自信。这次演讲带来了一个巨大的突破，家乐氏公司找到我的出版商，提出想把我写的书的封面放在他们一种叫作"Special K"的麦片的盒子上，作为他们促进女性自尊运动的一部分。

我成为有史以来第一个把自己写的书的封面印在麦片盒子上的营养学家，而且书的封面上是我的照片！这真的让我感觉太棒了！凯兴高采烈地去了超市，她看到有我照片的麦片盒放满了整个货架。

她对一个路过的陌生人说："那是我的双胞胎妹妹！"

这位路人没有被打动，而是一溜烟地逃走了。

---

① 家乐氏（Kellogg's）是全球知名的谷物早餐和零售制造商，成立于一九〇六年，在全球超过一百八十个国家和地区销售其产品。——译者注

当凯告诉我这件事时，我们笑了又笑。

那一刻，我对我的事业、孩子们的学业和我的书都充满了信心。那时我四十六岁，已经在外租房很长时间了。我觉得我已经准备好接受一个新的挑战——是时候拥有一套自己的房子了。

我已经攒了一些钱。在我多伦多的办公室旁边，正好有一栋漂亮的两层小房子要出售。那时在加拿大买房只需要付百分之五的首付。房价是二十万美元，而我在银行已经存了一万美元。这也是我第一次有了积蓄。

我去了银行，在一家高端购物中心完成了贷款申请。我想，如果我能让经理看到我在那里做模特，他们就会知道我是一个有工作的人，这可能会对申请房贷有所帮助。我相信他们会接受我的申请。可两个星期过去了，我仍然没有收到他们的回复。于是我走进他们的办公室说：“我就是顺便过来说一声，针对我的申请，貌似你们在一周前就应该与我联系。”

经理很尴尬地说：“你的申请被拒绝了。”

他们说，在过去的五年里我的收入不够高，而且我是诊所的唯一所有者，这使我的抵押贷款有更高的风险。

我感到惊讶和泄气。我一直是一个不错的客户，他们也看到过我在他们的购物中心走秀，而我居然还是被拒绝了。然而我没有时间沉溺于失望，赶紧回去工作才是王道。这次的失败只是意味着我的计划被推迟了而已，我应该做的是存更多的钱来证明自己。

在此期间，金博尔在多伦多工作，每天他都使用我的办公室电话与埃隆通话。在被收取了八百美元的电话费以后，我告诉金博尔，他应该去加州帕洛阿托与埃隆会合。因此，金博尔搬到了硅谷，他打算在互联网繁荣初期创办他们俩的第一家科技公司。这家公司名为"Zip2"①，它的主要业务是提供在线地图和离用户最近的商户的信息。同时，他们与世界上的主流报纸合作，帮助它们上线。这些在当时都是惊世骇俗的创意，但我认为这些创意能够让我们的生活变得更加美好，因此我尽我所能来支持他们。当他们正在忙着落实他们的商业计划的时候，我每六个星期拜访他们一次。我去给他们买了食物、衣服和家具，并支付了他们的印刷费。因为他们在美国无法申请办理信用卡，所以他们使用的一直都是我的加拿大信用卡。

钱花得很快，他们需要更多现金来支持事业。幸运的是，我在银行里还有一万美元存款。我把这笔钱全部交给了他们，因为我对他们正在进行的事业完全有信心。

在他们与风险投资家开会的前一天晚上，金博尔和我去了金考公司②，用彩色打印机打出他们的演示文稿。付打印费的人是我，因为每页打印收取一美元，这对他们来说实在太昂贵了。

---

① Zip2 是美国最早的"大众点评网"。上面罗列着不同公司客户的信息，以及它们在地图上的位置，方便他人寻找。后来被卖给康柏（Compaq）。——译者注
② 金考公司（Kinko's）是世界上最大的快印连锁企业，于二〇〇四年与联邦快递合并。——译者注

第二天早上,我们全部筋疲力尽,因为没有人睡过觉。当然,埃隆没问题,他本来就睡得少,而且总是熬夜为他们的程序编写代码。几个月来,他们见过了无数风投公司的投资人,并一直在推销他们的想法。在那天早上,两兄弟又会见了两位风投人士,这次他们收到了有史以来的第一个报价,我们欣喜若狂。

那天晚上我说:"咱们去城里最好的餐厅庆祝一下。"

我们去了一家很棒的餐厅。尽管我们三个都看起来疲惫不堪,还脏兮兮的,但餐厅的服务员对我们非常友善,友善到我们甚至不知道他们为什么要这样。我也想不起我们最后到底都吃了些什么。那段时间,我们一直在吃类似于"盒子里的杰克"快餐厅——总之是任何便宜的、凌晨两点还可以买到的方便食品。金博尔告诉我,至今他都还记得那时墨西哥鸡肉饼的味道。

账单来了。我付了钱,然后说:"这是你们最后一次看到我的信用卡。"

后来确实如此。

总结一下我学到的一课:不要一直沉溺于打击之中。如果你感到失望,那就换个方向。如果你被甩了或求职失败,请你把这些抛到脑后,然后继续前行。如果你的住房抵押贷款被拒绝,你只需要继续努力提高你的信用评级。打击曾一遍遍在我身上重演。要知道,我在婚姻和感情上并不成功,我也曾一次次被工作拒之门外,我的生活曾经疯狂脱轨,以至于我最终选择了搬去另外的城市和国家。

在感情世界里，当我第一次被男人抛弃的时候，我伤心了整整六个月。虽然后来相同的事情仍在发生，但我心碎的时间已经减少到了三个月，然后逐渐变成三周、三天。我真希望我第一次受伤的时候没有表现得那么糟。沉湎于过去只会让你变得毫无魅力，也会让大家烦不胜烦，开始纷纷远离你。每当我的营养咨询客户悲伤满面地走进来时，我会告诉他们要挺直腰杆并开始微笑，而且我可不允许他们让我的一天也变得痛苦。这时我的客户们通常都会笑起来，并感谢我的建议。在事业上，我曾经迫切地需要来自模特工作的那份额外收入，并且时时为此感到恐慌，害怕自己会被那些貌似我胜券在握的机会拒绝。现在我已经习惯了这一切，甚至会开玩笑说："这样我就有多余的时间陪我的狗了。"我家小狗总是很喜欢和我待在一起。衰老的伟大之处在于：你会经历许多次打击，你也会穿过看似无尽的黑暗。最后，你会恢复得越来越快。

我给你的建议是：尽可能保持积极乐观。时间是治愈一切的良药，你应该努力比我更快地从打击中恢复过来。养条狗也许是个好主意。

19
勇往直前

重新开始也许会是最佳方案

每个人都有从一个地方搬到另一个地方的原因。当然,你搬家的理由必须非常充足,因为搬家很辛苦。

为了创业,我母亲从穆斯乔搬到了里贾纳。与此同时,她也在纽约、芝加哥等大城市学习舞蹈。为了成为一名脊骨神经科医生,我父亲离开了他成长的农场,搬到了里贾纳,并在那里遇到了我母亲。当我们全家搬到南非时,因为那些美丽的蓝花楹,我父亲选择了比勒陀利亚作为定居地。

我最初搬家是为了学业和工作,后来则是因为需要摆脱眼前的困境。再后来,我想离孩子们更近一些,或者想找到一个让我快乐的地方。事实上,我开始对搬家变得迫不及待,因为我喜欢探索新的城市、新的国家,学习新的文化。我的双胞胎姐姐说我的裤子里或许住着一只爱搬家的蚂蚁。为了接受教育，为了事业的新机遇，为了组建自己的家庭，我的孩子们也曾数次搬家。为此，我也一次次搬家，有时候离他们近一些，有时候远一些，周而复始。

成年以后，我在三个国家的九个城市生活过。每一次搬家都困难重重，如果需要搬到另一个国家的话更是难上加难。那时，加拿大出台了一项新的法律，如果我的孩子们想搬到北美，他们可以因为我而获得加拿大的公民身份。文书往来用了好几个月，因为我们必须排队讨论文书资料，坐在等候室里等待回复，提交一页又一页文件，然后再提交更多的文件……当我最终获得加拿大公民身份时，我才被告知，因为我出生在加拿大，其实以上的文件不必全部准备。

在多伦多的时候，我搬了两次家；在纽约时我搬了三次。每次搬家我会提前做计划，只带那些值得被带去新家的东西。有一次，我打包了一大堆沉重又占地方的研究期刊，搬运费贵到令人咋舌。幸运的是，我们身处互联网时代，现在我只需要带上一台笔记本电脑就可以了，因为所有的研究工作都可以在线完成。虽然搬家需要你把一切整理得井井有条，但是你也可以借此摆脱很多你已经不再需要的垃圾——从肉体到灵魂！

我在多伦多收获了不少快乐和成功，不过孩子们希望我住得离他们更近一些。尽管我本打算在多伦多过完余生，也从未想过还要搬家，但或许现在是时候制订一个新计划了。

不过，搬去美国比以前的历次搬家都要困难。我父亲出生在明尼阿波利斯，于是我去了美国驻多伦多总领事馆询问是否可以移民。和其他两百名申请人一起等了好几个小时之后，他们给了我一大堆不仅需要填写，而且需要获取证明的文件。六个月后我再次前往总领事馆，在又等了大半天之后，我终于知道了我并没有获得美国公民身份的资格，因为我父亲在我出生前六年多就已经搬到了加拿大。就这样，移民的大门对我关闭，我只好转而申请H1B签证[①]，但是这又花费了我数月的时间。

四十八岁时，为了通过美国的考试，我不得不再次开始自学，同时我也在实践中学习了更多的生物化学知识。但是，我首先必须忘掉过去一直使用的公制单位，才能去理解英制测量单位[②]：盎司、磅、英尺和英寸。你肯定不敢相信掌握这两个体系有多难，但我的确需要做到这一点，这对我在全世界的演讲也会有帮助。

当时我患有严重的坐骨神经痛，所以我停掉了所有社交活动。但是，即使痛到只能躺着学习，我还是坚持了下来。事实上，你可以把我这种学习方式看成一种额外的奖励。令人惊喜的是，我竟然通过了所有的考试。于是我卖掉了在多伦多的诊所，搬到山景城[③]和儿子们住在一起。

[①] H1B签证是美国的一种工作签证类别，对象是美国公司雇用的外国籍有专业技能的员工，属于非移民签证的一种。持有H1B签证者可以在美国工作三年，然后可以再延长三年，六年期满后签证持有者如果还没有转化身份，就必须离开美国。——译者注
[②] 美国是少数几个延用英制测量单位的国家。——译者注
[③] 山景城（Mountain View），又称芒廷维尤，是位于美国加利福尼亚州圣克拉拉县的城市。——编者注

到达山景城之后，我发现那里既没有山，也没有景，更没有孩子们，因为他们总是在夜以继日地工作。金博尔甚至不记得我们三个一起待过三个星期。这很合情合理，因为他们根本就没有停止工作过。

我说："我需要过自己的人生。我得搬到一个更大的城市，旧金山是个不错的选择。"

那时我的预算非常紧张，因为我还没有开始执业，而且我出售诊所的所得应该无法支撑我生活很长时间。

我向金博尔借了车，然后独自开车去旧金山找公寓。我在美国没有信用记录，于是我带上了银行担保的支票，跟其他人一起排长队，并且穿上全套西装让自己看起来更加体面。但我还是没有租到房子。最后，我找到了一个房产经纪人，他租给了我一套位于诺布山、家具齐全的一居室公寓，并且我可以使用我的加拿大信用卡支付房租。这套公寓对我来说非常合适，因为除了营养学杂志和书籍，我几乎什么都没带。后来到访的朋友们评论说这个房子的样式有点过于陈旧了，这跟我过去的房子的风格明显不符，但我不在乎。在那个时期，便宜对我而言是最重要的。而且，这套房子最棒的地方在于一楼有一个图书室，我可以把它用作我的办公室。

我又一次开始给医生们写信，并尝试说服他们，让我来给他们的病人做营养咨询。与此同时，我在旧金山各地发表演讲。作为一个需要打开市场的新人，我参加的许多活动都是免费的。这些免费活动通常组织得非常糟糕,到场的人也少得可怜,但我并不在乎。对我来说,哪怕有时能碰到一个客户也好。而且我也明白,你的报酬一定和你在别人心中的形象呈正相关。

我在每次演说前都会打印出我的演讲大纲,并将其用于市场营销。我会把这个邮寄给所有的饮食协会和食品公司,表明我有时间为他们服务,但很少有人对此留意。

重建诊所的时间花得太长了。三个月后,我的钱快花完了。我大哭起来,因为我付不起房租了。

我给儿子们打电话,金博尔说这是他第一次听到我崩溃到大哭。

他们说:"我们可以帮你付房租。"

我对此并不觉得开心,但他们坚持要这么做。孩子们解释说,他们没有时间花掉挣到的工资,因为他们总是在工作。

我开始寻找一个更便宜、我能负担得起的地方。田德隆区边界上的一处房屋是我预算内唯一能找到的住所。房子的周边环境非常糟糕,走廊又脏又暗,而且带着臭味。我的孩子们和侄子们都来帮我搬家,一个朋友开了卡车过来,顺带捎上了一张我从同事那里买的床。我的物品都被搬到了这套单间的小公寓,幸运的是,我的行李很少。

此时,一位营养师推荐了三个健身中心的客户给我。她住的地方离健身中心有九十分钟的车程,她觉得为这么几个客户长途跋涉不大值得。而对我来说,这项收入刚好可以支撑我在旧金山多待一段时间。

在我四十九岁那一年,孩子们送给我一座玩具小木屋和一辆木头小车,并告诉我有一天他们会为我把这两样的实物都买下来。那时我只觉得这个想法很可爱。但是,当我的儿子们卖掉他们的Zip2公司后,他们立即告诉我,是时候去看看我想买的房子和汽车了。

托斯卡和我在旧金山转了一圈,但她想让我搬到洛杉矶和她一起住,因此我们也去洛杉矶看了看。在那期间,我被邀请去纽约参加一个关于营养创业的讲座。我一到达就被眼前的景象震撼了。在纽约,人们步履匆匆、快言快语、思维敏捷,对任何事情都说干就干。我想:"这些都是我的同类!"

我对孩子们说:"我要搬到纽约去。"

孩子们说:"你怎么能这么做?"

我说:"我需要一些刺激。"

在完全陌生的纽约,我暂时在一个客户合作伙伴家里睡沙发,然后到处去找正在出租的房子。

孩子们跟我说:"你必须住在上东区。"

我说:"我不能住在市中心吗?"

他们说:"不,没有人会住在四十二街以内的街区。"

再一次,没有人愿意租房子给我,因为我没有信用记录。我只好提出用现金预付一年租金。

孩子们说:"只有毒枭和妓女才会这么做。"

有人建议我去找一间家具齐全,可以接受我每月用加拿大信用卡付款的公寓。最后我找到了一套建于战前的公寓,它位于公园和百老汇之间的二十二街,而且允许出售。这套在十楼的公寓有很大的窗户,从那里可以看到大约三十座水塔,每个人都觉得这里的景观很酷。

我曾以为我会在纽约度过余生,因为那里会让我感觉身居世界的中心。不过,后来我遇到了许多合作上的问题。和许多人一样,我开始变得灰心丧气,悲伤不已。

当我女儿的双胞胎出生时,我飞去洛杉矶照顾她。由于女儿坚决不让我回纽约,我只好卖掉了我的公寓,送掉植物和厨房里的所有东西,把一些东西存在当地仓库,只把一些家具寄给了家人。我在托斯卡家住了八个月,然后我又买了一套公寓。这次搬到洛杉矶让我非常高兴,我终于可以离我的两个孩子和七个孙子更近,尽管我仍然常常出门旅行。

搬家很难,尽管你每次都能从过程中有所收获。每一次搬家我都会提前做计划,丢掉那些不值得被搬走的,卖掉大件物品,再把一些东西放在仓库里。对很多人来说,搬到一个新的地方之后需要经历一段漫长的适应过程,在最初的几年还会伴随着种种挣扎。孤独如影随形,很多时候你甚至会感到自己在身体和精神上都已迷失。当我经营诊所时,我必须一次次让我的所有客户知道我新家的地址，即使我搬的新家是在同一个城市。不过，我认为一切都是值得的。除非你的处境真的可以因为搬家而改善，否则我不会向你推荐搬家。只有在你确认这会让你从中受益时，这才值得一试。

  搬家需要理由。也许你想寻找更好的机会，也许你渴望摆脱糟糕的处境，又或许你只是想要进行一次冒险。无论你的动机如何，这很可能会是你做过的最好的事情！

20
人生由我，发掘全新自我

走出舒适区也意味着可能有很棒的机遇

在生活中，我们常常会被要求做一些让自己离开舒适区的事情，举个例子：公众演讲。这是一个令许多人感到恐惧的领域，而且它相当常见。你可能不得不站起身来，为会议做介绍、向客户推销，或者让一群投资者相信你正在为之努力的事情是有意义的。

我在演讲时总是很自信，这对我来说并不是问题。在营养学领域，由于我一直在坚持学习，我对自己的专业知识非常有信心。为了保住我的营养师认证资格，每五年我会参加七十五次、每次耗时一小时的考试，而且我每天都会阅读新的研究文献。

在模特领域，我是一名商业模特，这意味着我需要为平面杂志、航空公司、酒店、牙医诊所、护发产品或彩妆产品工作，这些也仍然在我的舒适区里。

下面我要分享的是那些不舒服的情形。

对于刚到一个城市的新人来说,身处满是陌生人的房间通常会让他感觉很不自在。不过我应该已经克服了这个问题。

但是自我六十岁以来,我的模特生涯竟然出现了两次让我相当不自在的情况——两次裸体摄影!其中一次来自《时代》杂志的邀请,我的回复是:"不,我决不裸体。"

他们继续对我进行劝说,说非常希望我能去拍摄。于是我打电话给金博尔和托斯卡,告诉他们关于这次的机会。

托斯卡说:"你不能裸体。"

金博尔说:"妈妈,这可是《时代》杂志。不会有什么问题的。"

金博尔是对的,最终一切毫无问题。

当你被要求做一些超出你舒适区的事情时,你当然可以说"不"。我曾对裸体拍摄说了五十年的"不"。但这次我想,《时代》杂志应该是一个可以让我安心尝试的地方。而且,他们聘请的这位摄影师知名度很高,他过去的作品也非常出色,这些都是让我觉得值得一试的原因。

我不确定在做准备工作时我是否会紧张,但他们让我和两位女士待在一个房间里,她们为我设计了自然的指甲、发型和妆容。一切都很好。

她们让我坐在地板上，我的前方有一面镜子，这样我就能准确地看到我即将出现在照片中的样子。

然后摄影师进来了。这是一位男性摄影师，他拍完照片就立即离开了。所以这也让我感觉很好。

杂志的审美水平相当高，照片的成品非常漂亮。但是最后他们将照片移到了健康栏目的封面上，而不是将其作为《时代》杂志的主封面。我的经纪人非常生气，她说摄影师也是同样的心情，因为杂志当时邀请我们的时候可不是这么说的。

但我还好，不需要在所有的报摊上展示我的裸照，这对我来说很棒！

后来，《纽约》杂志给我的新泽西经纪人打了电话，他们邀请我再全裸出镜一次，这次他们希望用之前黛米·摩尔拍摄过的姿势。而且，这一次我将以孕妇的造型出现。

那时我正和托斯卡在一起，我说："你绝对不会相信，他们想让我摆出跟黛米·摩尔的孕照一样的姿势。"

这一次她竟然说："那就去拍吧！"

我说："我为什么要这么做？"

她说："这会成为经典！"

我并不想这么做，但托斯卡改变了我的想法。

杂志方想要打造出自然的风格。光线很刺眼，因为他们想让我看起来像七十岁。事实上，那时我只有六十二岁，这样会让我看起来比实际年龄大很多。但我并不介意,反正过去我经常这样做。

我穿着隐形内裤,贴着胸贴,但仍然感觉自己全身赤裸。

他们还请了一位孕妇来拍摄,她的预产期就在那一周。这位女士忘了她肚子下方有一个文身图案,因此摄影师后来不得不用Adobe Photoshop[①]把它擦除。我们都完成了拍摄,然后他们把她的肚子PS到我身上,以达到我看起来像怀孕了的效果。

这张照片出现在世界各地的电视节目和报纸上,标题写着"她是不是太老了?五十岁以上的新手父母——育儿的最后前线"。

有趣的是,当我几个月后再参加拍摄时,在场的人们都很高兴我已经恢复了身材。我告诉他们我没有怀孕,而且我是六十二岁!

在那之后,大家都会问我:"这些经历会让你对裸体出镜感到轻松一些吗?"

不!这太让人不适了,而且我对此感到相当尴尬。我没有表现出来我的真实感受是因为我是一名模特,而且是一名专业模特。过去我这么做是因为我信任这两本杂志,现在既然我已经知道这种感受到底是什么样的,那就没有必要再试一次了。

在很多时候,走出舒适区也意味着可能有很棒的机遇。曾经

---

① Adobe Photoshop 简称"PS",是由奥多比系统公司开发和发行的图像处理软件。PS有很多功能,在图像、图形、文字、视频、出版等各方面都有涉及。——译者注

我不得不扮演玛莎·葛兰姆①，而且需要拍摄翩翩起舞的照片，我发现那完全超出了我的能力范围。作为一个并不优秀的舞者，我只能先看一段视频，再对其进行模仿。其中有些镜头是和一位芭蕾舞团的领舞演员一起拍的，他说我应该直接倒在他的怀抱中。我照做了，并且感觉非常好。他很强壮，照片也精彩无比，我看上去完全像是一个职业舞者。问题是，从那以后，每个人都想让我在拍照时跳舞！

当我在为"封面女郎"品牌做彩妆模特的时候，他们想让我穿着高跟鞋在屋顶上跳舞。我对他们说我不会跳舞，但因为我模仿过玛莎·葛兰姆跳舞，没有人相信我。我只好请求他们给我带一位编舞来，然后他们同意了——一位女士在镜头后面跳舞，我只需要照着模仿就行了。从那以后，更多的舞蹈拍摄邀请纷至沓来。在一开始的时候，谁知道会有这样的结局呢？

当我为宣传野兽公司拍摄时，我需要穿着嘻哈街头风格的服装来吸引与我完全隔代的千禧一代。我展现出了老奶奶也一样可以打扮时髦，也一样能为街头时尚代言的样子。但事实上，拍摄当天我一直在拼命回忆电视剧《帝国》中的明星们跳舞的场景，那时我多么希望我之前在看电视的时候能够看得更仔细一些。然而，每个人都很爱这张照片。这个结局真是意外之喜，也为我打开了一个全新的时尚舞台。通过那次拍摄，我们向大家传达了时

---

① 玛莎·葛兰姆，美国现代舞之母，一生创作了近两百支舞蹈，奠定了美国现代舞的基础。——译者注

尚并无年龄之分的理念。

我从中学到的是：就算新风格有时会让你如坐针毡，你也应该给自己一个机会试试看。不要让年龄之类的东西成为你的束缚！

21
成为网络红人

学习新技能永远不会太迟

我很感谢科技。尽管学习的过程令人沮丧，但对于我而言这是一段很棒的经历，对我们全家亦然。我们永远会张开双臂迎接包括科学技术在内的一切可以让我们的工作、生活和地球变得更好的变化。

与我还是个孩子的时候相比，科技已经发生了翻天覆地的变化。我八岁的时候就在父亲的办公室帮他打字，那时我使用的是一台又重又有很大噪音的打字机，机器上还有一条我必须手动更换的色带。随着打字机技术的日新月异，在我三十多岁的时候，文字处理机终于出现了。新技术相当令人吃惊，文字处理机虽然不能保存文字，但你可以在上面进行修改。因此你可以先把文字打印出来，然后再据此重新键入，这就是最初的"剪切和粘贴"。

（先剪出印有要用的内容的纸片，再把它们放在地板上，然后按文章顺序把它们粘贴起来，最后重新打印一遍。）用这种方式，我的第一篇论文总共打印了十四遍。事实上，我花了整整四年才拿到第一个硕士学位。但是我只用了十五个月就取得了第二个硕士学位，因为那时我终于有了第一台电脑。

直到我搬到旧金山时，互联网才出现，那时我的儿子们正身处这一技术的风口浪尖。当他们制作 Zip2 网站的时候，我经常被叫去做他们版本升级的测试员。他们会根据我的使用情况做出调整，以确保每位用户都能正常操作。在他们的互联网公司刚刚成立时，我曾从他们的网站上打印出了一份早期的导航地图。然而在尝试之后，我发现这份地图无法让我返回出发地，回程的单行道太多，而我根本找不到可以掉头的地方。人们需要包含往返的导航功能的地图，于是他们立即把这个功能加了进去。

为了推广我的营养咨询业务，我和他们做了一笔交易：我给他们的员工做一个关于营养学的讲座，作为交换，他们会为我建立一个私人网站，网站总共包含四个页面。

我想，我应该是第一个拥有网站的营养师。网站对市场营销非常有用，与纸质材料相比，这是一个可喜的变化。当我依赖宣传册时，我发现它们很快就会随着信息的更新而过时。而现在我只需要让人们访问我的网站，他们在上面看到的一切会是最新的。二十世纪九十年代末，我把营养业务的营销都放到了我的网站上，这个网站给我带来了很多演讲、媒体和代言人的工作。大约在二〇一〇年，我创建了另一个网站，里面展示了我五十年来在模特事业上取得的成果。

社交媒体对我的所有工作都意义巨大。我使用推特（Twitter）来分享营养研究和其他我感兴趣的新闻，这个论坛使我获得了关于健康主题的采访和演讲机会，而我也一直都很乐于参与这些活动。社交媒体对于获取用户反馈也非常有用。当我在推特上发布自己研究工作的进展时，我的粉丝会很快让我知道他们喜欢什么和不喜欢什么，他们需要什么或者不需要什么，这可以帮助我朝着人们感兴趣的方向前进。对我来说，社交媒体真是伟大的发明！

在照片墙上发布了一组与众不同的白发女性造型以后，我和朱莉娅决定自己花钱去巴黎碰碰运气。这是一种自我投资，我们认为每个人都应该时不时这样做。在巴黎时装周期间，我们自己创造了六十七种街头风格的造型。虽然当时我没有被邀请参加顶级时装秀，但这些在巴黎街头的不同打扮让我在一直在照片墙的 Moment 类别榜上有名。那时我穿着一些刚在时尚界崭露头角的设计师设计的服装，和一位通过照片墙认识的来自法国的街头摄影师一起工作。

这项投资得到了回报，它为我与顶级秀场、"封面女郎"等品牌的合作打开了大门。即使是在数年以后的今天，我仍然会去那些能激发灵感的拍摄地点做模特。但是，总的来说，就算投资没有回报，我仍然会因为拍摄内容、盛装打扮、和新老朋友一起欢笑而享受这段拍摄的时光。因为社交媒体，我得以和 IMG Models （一家模特经纪公司）签约，并成为史上年龄最大的"封面女郎"

品牌代言人,而且我再也不需要为了模特工作而试镜了。

社交媒体还把我和高阶时尚联系在了一起。一位设计师看到了我在脸书(Facebook)上的照片,于是给我发了一张他在洛杉矶举行的电影首映式的邀请函。我和我的一个朋友一同前去参加,尽管我们两个在那里谁也不认识。当我在网上发布了首映式的照片后,这位设计师邀请我去他的秀场走秀。之前我从未参加过纽约时装周,而在六十七岁的时候,我终于第一次走上了高级定制时装秀的T台。我穿着一件漂亮的白银礼服,尽管满头白发,但我被打扮得像个新娘。在观众席的朋友们告诉我,当我出现在台上的时候,观众们全都开始尖叫和鼓掌。看到我这个年纪的人仍然在走秀,大家非常惊讶和高兴。最后,设计师谢幕的时候,他让我和另一位模特走在他的两侧,这种感觉是如此的与众不同。

一看到脸书和照片墙的力量,我就在社交媒体上发布了我将会去纽约的消息。那时许多摄影师向我抛出橄榄枝,问我是否愿意和他们一起进行一次试拍,然后我接受了他们所有人的邀请。你永远不知道哪张照片会拍得好,但是这值得一试。最后,我收获了一些糟糕的照片和一些值得发布的精彩大片,还有更多的模特工作机会。

许多人喜欢说:科技拉远了人们的距离,使人们变得孤独。但我至今还没发现这样的状况。事实上,科技把我、新的朋友、老的朋友,还有潜在的客户都联系了起来。当我的朋友们得知我和他们在同一座城市时,我甚至会在离开那座城市的最后一刻收到他们立刻发来的见面邀请。难以置信的是，我们可以与世界各地的家人和朋友交谈，甚至还可以看到他们的脸。我可以每天晚上跟我的双胞胎姐姐视频，这简直疯狂，但真的很棒。我在加州的孙子们似乎很喜欢和他们在纽约或科罗拉多州的表亲一起玩游戏，这也是他们保持联系的一个很好的方式。每当想到我们过去不得不发电报、打电话或者寄出一封六个星期后才能到达的信所导致的沟通缺失，我就打心底里觉得现代技术真是太棒了！

诚然，学习新的科技可能很难，甚至会让你感到痛苦。你可能会被每一次技术更新搞得晕头转向，并因此犯错。曾经有一次，照片墙在升级时突然播出了三个我并未发布的视频，我不得不在半夜时分把它们都撤下来，这真是能让人发疯。同时，你必须靠自己在互联网上找出解决问题的方案，这项工作相当耗时，有时也会令我垂头丧气。但是，这些困难的出现并不意味着我太老，或者跟不上时代的步伐。我会把我母亲当作学习的榜样。在母亲九十四岁的时候，由于手颤抖得太厉害，她无法再从事精细的美术工作，所以她从那时起开始学习电脑艺术。我知道，一切与年龄无关。有趣的是，当来自纽约大学、哥伦比亚大学和其他大学的营养学专业实习生和我一起上选修课程时，他们发现我懂得许多高科技，甚至比他们更与时俱进。科技可以为你带来许多新的转变——推动事业发展、让你变得更加健康，或是让沟通更有乐趣。对于学习新技术来说，你永远不会太迟。

22
致所有的单身女性

恋爱与否，你都可以活得开心

我给出过很多建议，但是在约会方面除外。我的人生可谓非常成功，但并不包括坠入爱河时。我约会过很多次，也爱上过一些男人，不过至今仍未遇上一个让我想与之共度余生的人。所以当有些人让我给出关于约会的建议时，我会说："千万别听我的建议！"我认为每个人都可以在爱情中收获快乐，但是一个人也可以过得很快乐。如果你还没有找到合适的人，那就去好好爱你的家人、朋友和工作吧。

当然，如果你认为婚姻是幸福的关键，那就去和你已婚的朋友们聊一聊。在我年轻的时候，从来没有人告诉我单身不可能会获得幸福，虽然在二十世纪六十年代，每个女孩都在二十岁左右结婚，没有人孑然一身。我很好奇，这些夫妇中到现在有多少对还幸福地生活在一起，或者仍然处于已婚状态。当然，有一个好的生活伴侣的确很棒，就像我父母、我兄弟和我双胞胎姐姐的婚姻一样，他们都找到了属于他们的幸福。但我从三十一岁起就单身到现在，婚姻对我来说已经是四十年前的事了。人们曾对我说："爱情往往会在你不再期待它的时候出现。"尽管我在人生的大部分时间里都对感情不再抱有期待，然而我至今依然没有遇到真爱。我尝试过，但没有找到一个能让我过得比单身时更好的人。

由于受到我双胞胎姐姐凯的影响，我从十三岁就开始约会。十三岁时，她在我们打工的舞蹈学校认识了她的男朋友。因为她不被允许和男友单独出去，所以我不得不陪着她一起去约会。姐姐的男友告诉她，给我找个约会对象很容易，但我遇到的约会对象真的很难让我提起足够的兴趣和他出去。当我和一个男人约会的时候，他一开始会为我疯狂，然后就想要拉开距离，再到后来又会疯狂地爱上我，之后又想要属于他自己的空间。我不能理解其中的原因，我把这种关系称为"若即若离"，它真的非常伤人。

十五岁时，我开始当模特。那时男孩子们认为我应该会很受欢迎，以至于周六晚上没人敢约我出门。我的双胞胎姐姐和她的男朋友去汽车影院时会带上我，他们对此并没有什么意见。可是对我来说，星期六晚上是重要的约会之夜，没有出去约会的话，我会很伤心。当我结婚后,我一次次向那个欺骗我的虐待狂屈服。我努力做到我的丈夫想让我做的一切,但那时的我极其痛苦。当我从那段婚姻中走出来时,尽管我不得不在其他许多事情上挣扎,但我的整个生活质量都得到了改善。在离婚后,我真的不知道怎么去约会。只要有某一个男人约我,我就会出去。但如果我发现他烦人或无趣,我就不会再搭理他。就算我遇到了喜欢的男士,最终结果也会以他抛弃我或出轨而结束——主要是出轨。当我再去查看他之前的恋爱经历时,我会发现他也背叛了他之前的妻子和女朋友。我终于明白,男人是不会因为我而改变的,在我三十岁出头时与我订婚的那个男人也对我不忠过。

我还有三个孩子,所以我希望与我交往的对象都喜欢他们。大多数男人对我的孩子们并不感兴趣,我们约会的时候他也并不希望我的孩子们在身边。有时候,为了让恋爱关系持续下去,我也会为对方做出妥协。我曾遇到一个服装公司的老板,他只想让我穿他家的棉质衣服或针织衫,别的都不行,我照做了。然后我遇到另一个男人,他说我看上去太成熟了,所以我又为了他开始穿牛仔裤和T恤。

所有的男人都希望我改变,但我从未要求他们为我改变。最后,我终于意识到,如果我想要拥有一段真正的感情,我不应该是那个不得不去妥协的人,我也真的不再这么做了。虽然我的感情生活还是没有得到改善,但这些年来,我被男人愚弄的情况越来越少。要说有什么是令人欣慰的,我只能说我确实吸取了教训。

在我十几岁和二十几岁的时候,我觉得我自己简直是一个"渣男收割机"。在我三十多岁的时候,不知何故,我仍然是老样子。到了四十多岁,我终于开始和一些很棒的男人交往,尽管他们当中没有一个我想要与之共度余生的人。

当我在纽约时,我决定在我五十岁出头的时候尝试网上约会。我想我会去尝试约会三十次,如果仍然没有坠入爱河,我就不会继续下去了。得到约会的机会很容易,因为我在网站上放了一张我做模特时拍的照片。我的约会对象有些和我年龄差不多,有些比我大二十岁,有些比我小二十岁,但他们没有一个是看起来跟他们的照片一样的。

我发现,在午餐或晚餐时间约会意味着要听一个男人抱怨三个小时,他不是喋喋不休地谈论他自己,就是一直数落他的前妻,而我对这些话题都不感兴趣。每次约会结束时,他们甚至都不知道我有孩子,因为他们没有问。事实上,他们当中没有任何一个人问过关于我的任何问题。

我想要找的人,他会在我工作了一天,或结束一次演讲,或因为模特工作出差之后很高兴地来见我,难道这样的要求很高吗?看起来的确如此。

在那个时期,埃隆有一只腊肠犬和一只约克夏,这两只狗生了一只小狗。

埃隆说:"我把这只小狗送给你吧。"

我骄傲地跟托斯卡说："现在我住在纽约，这是我第一次真正意义上的一个人生活。除了照顾好自己，我不用再承担任何责任，这里甚至没有人知道我有三个孩子，真是太美妙了！但是现在埃隆竟然要扔一条狗给我养。"托斯卡说："小狗会让你避免与那些浑蛋约会。"你知道后来发生了什么吗？小狗让我避开了所有的约会。

每当我出门约会的时候，我的狗就会变得非常紧张和暴躁。一旦约会的时间太久，回到家时它都会对着我抱怨很久，这让我难以应付，因此我把之后的约会都缩短到一杯咖啡的时间。只要时间超过三十分钟，我就会说："我必须要回去遛狗了。"这个借口真是太妙了。

当我回家的时候，我的狗会冲过来扑进我怀里。它确实阻止了我那些毫无意义的约会——以最好的方式。

坠入爱河的前提是约会，你需要出去结识那些有可能和你约会的朋友，或者你可以尝试在线交友（但要在公共咖啡馆见面，在前几次见面时不要向对方分享你的个人信息）。约会是一门很难的艺术，人的感情也是复杂多变的，但这不应该成为阻止你享受爱情的理由。尽管我的狗给予我的快乐比我有过的任何一段感情都要多，但别忘了我已经七十一岁了，而你大可不必如此，你应该再去试试。不过，开心是首要的。如果你和一个你不爱的人在一起，但是你喜欢让他像一个最好的朋友一样陪伴在你身边，这样没问题。如果那个人和你在一起的时候能让你比一个人的时候更快乐,那样也很好。但是,如果某个人没有给你带来丝毫快乐,离开是最好的选择。和一个你不喜欢的人在一起是没有意义的。

如果你难以找到天长地久的爱情,那发展友情怎么样?我现在仍然和我十一岁时认识的朋友见面,四十多岁时我遇到了朱莉娅,今年我又结交到了一些新朋友。

在遇到朱莉娅的时候,我们俩都在为生活奔波,试图找到更好的生存方式。不过,我们从来不是竞争对手,只是希望彼此成功,这也是我们成为终生朋友的原因之一。

时间长短是衡量真正友谊的要素之一,另一个要素是它能否滋养你。如果你有朋友一直在贬低你,说你不够好,那这就不是你需要维系的一段友谊,你也不需要从他那里得到建议。

朱莉娅会说我们一直都是彼此最好的啦啦队员,我完全同意这一点。我们都拥有相似的幽默感,也喜欢彼此的陪伴,而且我们都守时,都喜欢努力工作,因此我们一直保持着联系。我们一起出门旅行过多次,去过米兰、巴黎、多哈、布达佩斯……当我们不在一起的时候,我们会用 Facetime(一款视频通话软件)在线聊天。和真正的好友待在一起是一种安慰,你会感觉像在家里一样,可以完完全全放松,做真正的自己。

在二十一岁之前,我和我的父母、兄弟姐妹住在一起。之后,我和我的孩子们住在一起。现在，我更喜欢一个人生活。因为我的朋友和我的工作伙伴，我会收到许多晚宴或聚会的邀请。我的家人也经常和我聚会，可能是因为吃饭、买车、参加公益活动、看电影，甚至可能会是因为发射火箭。我的孙子们也常来我这里过夜，他们会用床单和枕头搭建堡垒。

虽然没有浪漫的爱情，但我的生活里充满了朋友和家人的爱。我也喜欢和我的狗德尔雷伊在一起度过一个安静的夜晚，即便在周六也是如此。

我母亲过去常说："如果你和他在一起时比你一个人时更不开心，那你应该离开。但如果你和他在一起时比你一个人时更快乐，那么你应该继续保持这段关系。"

我很高兴地告诉大家：我的宠物狗德尔雷伊和我之间的关系非常好。

健康

饮食习惯的改变会让你发现
自己未知的潜能

关于

第五部分

23
健康饮食会让你更快乐

认真计划你的每一餐

此时,我正在被一位年轻的女士采访,她不断对我发出赞叹:"你真是精力充沛!你怎么有那么多精力!"她是对的。

我需要有足够的精力去参加会议、走秀,去世界各地演讲、表演和拍照;我需要精力去遛狗;我需要精力去接孙子们放学,照顾他们数小时或数天。能量可以让我的头脑保持敏锐,并让我的情绪高涨。

我也曾肥胖到超过两百磅,每次我在对客户做有关健康饮食的演讲或提建议时,我都只能向他们说,鉴于我家里的每个人都超重,所以遗传是导致我肥胖的主要原因。我用讲笑话的方式告诉大家,如果不想像我一样,那就一定要做到饮食健康。不过,我讲的这些并没有给我自己带来好的影响，因为那时我已完全失控，每天沉迷于暴饮暴食：炸鸡、薯条、汉堡包、冰激凌、巧克力——只要是我喜欢的，我就会吃。之后，我会进入食困的状态——吃得太多导致我太累了。如果用生理学来解释，就是我所有的能量都被用于消化食物，而身体的其余部分则几乎没有分得什么能量。要知道，只有在你饮食健康的时候，你才会有更多的能量。这个理论一直都在给我的客户们带来惊喜，饮食习惯的改变让他们发现了自己许多未知的潜能。

重要的是，你要对生活怀有希望，专注于此，并且为此感到兴奋。同时你需要意识到，你真正想要的是健康地衰老。人们晚年健康状况欠佳——如患有糖尿病、阿尔茨海默病和心脏病——的主要原因都与是否遵循健康饮食有关。健康饮食是健康衰老最重要的因素。不仅如此，它还会影响你的行动能力。你也许现在还不担心，但是请你回想一下你的家人和他们正在经历的挣扎，你就知道问题的严重性了。你可以通过健康饮食的方法降低健康风险。

保持身心健康的最佳饮食法包括DASH饮食法[①]、地中海饮食法[②]和弹性素食饮食法[③]。不过，这些饮食方法都需要提前做计划。

[①] DASH饮食法由一九九七年美国的一项大型高血压防治计划Dietary Approaches to Stop Hypertension（简称DASH）发展而来。这项计划发现，如果能摄入足够的蔬菜、水果、低脂或脱脂奶，并尽量减少饮食中的油脂量，就可以有效地降低血压。——译者注

[②] 地中海饮食法泛指地中海沿岸的南欧各国以蔬菜、水果、鱼类、五谷杂粮和橄榄油为主的饮食风格。研究发现，地中海饮食法可以减少患心脏病的风险，还可以使大脑血管免受损伤。——译者注

[③] 和传统素食者不同，弹性素食者除了食用新鲜蔬菜，偶尔还会选择吃一些清淡的鱼和肉，主要为了补充蔬菜中比较缺少的营养物质。——译者注

计划应该从记录所有与饮食有关的内容开始。在与客户见面时，我会了解他们日常饮食的每一个细节：起床的时间，正餐和零食分别吃什么，进食时间，通常会如何选择食物，以及他们所有的活动时间。这些都可以让我更好地了解他们的饮食习惯。然后，我会计划关注下一个问题：酒精的饮用。我会问客户他们饮酒的频率、种类及摄入量。对女性来说，我会建议每天喝一杯，男性则是两杯。研究证实，一定量的饮酒对健康有益。不过，如果你并没有喝酒的习惯，那就没有必要为此特意开始饮酒。一些客户在听从了我对饮酒的建议之后，体重大为减轻。这也意味着他们之前的实际饮酒量比他们记忆中的多得多。有时候他们会跟我分享宿醉和各种不适的经历。我经常会感到好奇：既然宿醉如此难受，为什么还要喝醉呢？我不是个酒鬼，所以我无法理解这种行为。不过，我倒是能理解饮酒会让你失去自控力这一点。每当我喝下我最爱的朗姆酒配健怡可乐时，我就会发现我什么都吃得下。此时周围肯定没有沙拉，通常只充斥着会让我吃得停不下来的薯片、薯条和坚果……然后我的节食计划就彻底失败了。总而言之，如果你发现酒精会让你丧失意志力，那么显而易见，这就是你应该减少饮酒的理由。

另外，我还会问我的客户是否有喝咖啡或茶的习惯。如果有，每天会喝多少杯，是否会在饮品里加入牛奶（或者植物奶制品）、糖或甜味剂。我建议每天最多喝三杯咖啡、三杯茶，再加最多三杯无糖汽水。我通常每天会喝两杯咖啡、一杯茶和一杯无糖汽水。

人们总是对我在咖啡里加牛奶和糖而感到震惊。据说在时尚饮食理念中，这些都应该被避免。这种说法太荒唐了。遵循科学依据和常识，我们只需要好好享受手中的咖啡。我也喜欢在红茶里添加牛奶与糖。尽管据说绿茶含有的抗氧化物质更多，对身体也更好，但我就是不喜欢绿茶的味道。事实上，你不用勉强自己去喝任何一种所谓的营养饮品。据说有些茶可以用来减肥或者助眠，但你应该对此非常谨慎。如果它们表面上起了作用，也很有可能是由于加入了其他物质引起体重减轻或困倦。

除了饥饿，还有很多因素导致人们暴饮暴食。我会询问客户，当他们在感到焦虑、紧张、劳累、无聊、抑郁、孤独、快乐的时候，或者当他们身处社交场合时，他们是否比平常吃得更多。一些客户告诉我，以上因素都会导致他们吃得更多；另一些客户则只会被其中一部分因素影响。其实，饥饿才是进食的唯一正当理由。因此，我会帮助客户找出其中的根本原因。如果不先解决这些问题，你就无法改变你的饮食习惯。

如果你在焦虑时会大吃特吃，那么你焦虑的原因是什么？可以解决吗？你是否会害怕未知？其实，有时我们害怕的是一些从未发生过的臆想而已。而事实上，该来的总会来，不管你是否预料得到，是否为此感到焦虑。

如果你暴食的原因是工作压力太大，那么你首先应该考虑换个工作。不过，如果你仍然热爱你的工作，仅仅是不喜欢同事而已,那你有没有考虑过改变眼前的状况?能和你的同事谈谈吗?或者换个部门?或者只能另寻高就?工作应该使你快乐,而快乐也能让你的健康饮食计划更容易被实施。否则,你就只会选择那些让自己感到舒适的食物,例如茶水间里的曲奇饼或松饼。此外,你也可以选择尽一切努力让自己吃得健康,远离周边所有的诱惑,同时在你的办公桌上或者厨房的冰箱里囤一些健康食品。

不过,如果你选择饮食的原因是感情——你受到了恋人的威胁,如果你再不减肥,他/她就要与你分手,那么你必须得做出决定了。此时我想让你知道,体重并不是你真正的问题所在。至少对于我来说是如此。为了让我的男朋友开心,我曾让自己瘦到皮包骨头。可他仍然对我不忠,仍然对我抱怨连连。因此,超重不是问题,他/她只不过以此为借口罢了。请记住,饮食健康是为了让自己感觉良好,不是为了别人。

如果疲劳导致你吃得过多或者吃得糟糕,那你就只能确保健康食品随时随地在你身旁。当我还是三个小宝宝的母亲的时候,我根本没有时间休息,也很少整晚睡到天亮。在那段时间里,我周围只有健康食品,它们确保我不受其他诱惑。即使是现在,我也只把健康食品放在身边。

当你因为抑郁而暴食时,你需要找出你抑郁的原因并解决它。一旦我的客户解决了他们的抑郁问题,并开始努力吃得更健康,他们就会感觉更加自信、更加积极。然后,他们就可以开始穿上过去对他们来说太紧的衣服,也可以和我分享他们的快乐故事。

这个方法同样适用于那些因为寂寞和无聊而暴食的人。

我的一些客户是快乐型食客。快乐型食客喜欢吃东西，尤其偏爱那些高脂肪、高盐和高糖食物。对于他们来说，桌上的食物越多越好。一项研究表明，如果你给肥胖人士一盘意大利面，他们会开心地吃掉一大半。但如果桌上有四种不同的意大利面，他们会更加开心，并且吃得更多。我很理解这一点，因为一种面条的确很容易使人产生味觉疲劳。同时，我们都喜欢吃光盘子里所有的食物。如果面前有四盘食物，我们就算不能把它们全部吃光，肯定也会尽力而为。通常来讲，这样的大吃大喝会让人感到心情舒畅。但是到了第二天早上，我们又会为昨天的不理智而感到难过。因此，即使你感到快乐，你也要努力学会自律。同样，如果你喜欢社交，那么你就会很自然地在喝了几杯葡萄酒或者啤酒之后，去吃那些现有的点心，而这些点心肯定不像沙拉那么健康。最后你就会陷入薄饼、芝士、薯片、花生、薯条、迷你汉堡包等不健康食物的旋涡里。也许你会说，有些人也在没有规律地吃吃喝喝，为什么他们的体重不会增加？这是因为有些人天生苗条，又或者他们不像你那样大吃零食。如果我被邀请去酒吧，我通常会点一杯朗姆酒兑健怡可乐，或果味马提尼。然后我会去试着找到一些健康的食物，最好是没有被油炸过的蔬菜和虾之类的开胃菜。活动结束之后，我不再出去用餐，之前吃的点心就被当作我的晚餐了。要知道，点心通常有很高的卡路里，这对我来说已经够了。锻炼、意志力、警惕性和毅力是自我控制的关键，这些因素让我在每晚睡前都感觉更好。请记住在社交活动中保持饮食健康的那种良好的感觉，并以此不断鞭策自己。

一份好的饮食计划首先要从早餐开始。我会吃燕麦片或者一碗高纤谷物麦片，再加含脂百分之一的牛奶和几块香蕉片。简单、快速是早餐的基本原则。如果你没有精心制作食物的热情，那么只要你能发现一种适合你的早餐，你可以每天都吃一样的。

我知道自己在临近中午的时候会感到饥饿，所以我会提前做好计划，给自己准备水果和酸奶，或者全麦面包和花生酱，然后再去吃午餐和餐后点心。午后到晚餐期间产生饥饿感再正常不过，但你必须认识到，你此时想吃东西到底是因为饥饿，还是由于无聊、疲劳或压力大。不要在白天连续六个小时不吃任何东西，这样只会让你感到更加饥饿。如果你是那种对下午茶完全无法做出正确选择的人，那么你得想办法改善这一情况。不妨提前做计划，在你感到饥饿之前，比如在下午三点半左右吃一点儿点心，然后你就可以正常地好好享用你的晚餐了。

我喜欢早点儿吃晚餐，并吃一些轻食①。只要有可能，我会在晚上七点到早上七点之间禁食。当然，如果我饿到不能入睡，我就会喝一杯牛奶或吃半杯白干酪。你会注意到我在白天时每隔几

---

① 轻食是指简易的、让人不用花太多时间就能吃饱的食物。——编者注

个小时就会吃点儿东西，这样我就不会感到太饿。不过我只会选择吃一点儿，以防自己感觉太饱。饥饿会让我情绪低落或疲乏，这时我就知道我该吃下一顿饭或点心了。

选择健康食物，少食多餐，等有饥饿感的时候再吃——这些小窍门都是良好饮食计划的基础。

我不是一个熟练的厨师——我把这个职位留给金博尔。每到假期，当金博尔在厨房里做大餐的时候，我和大儿子埃隆就会躲得远远的，只留下小女儿托斯卡在厨房帮忙。但是当我独自在家时，尽管我不是特别喜欢烹饪，我仍然需要做饭给自己吃。当周剩下的蔬菜通常会被我变成一大锅汤，再配上米饭和豆子（干豆子需要提前浸泡一个晚上）。我会把汤分装成好几份冷冻，每当要吃的时候，我只需简单地解冻加热就可以应付一餐。

在我七十岁生日的时候，孩子们发表了一次演讲，他们对我在他们成长时期的烹饪水平大开玩笑。那时我只会给他们吃一些高纤维谷物加牛奶，大量水果、蔬菜、花生酱三明治，还有豆汤。不过，我至今仍然是这样吃的——健康的食物本身就不需要复杂的烹饪。

另外，健康食物并不昂贵。我的父母经历过经济大萧条时期，因此我们从小到大的生活都很节俭。饭菜从不奢侈，也不允许有浪费。同样地，我在饮食上也一直秉持节省的原则。就算现在我的收入水平早已无须如此精打细算，但我仍然认为没必要浪费食物。其实，饮食的核心问题在于，许多真正的低收入人群反而会有错误的消费观念：他们认为自己需要增强免疫力，需要排毒，需要能量果汁，而这些通常价格不菲。再加之保健品广告大量轰炸，营养补充剂貌似也成了他们的需求之一。大家都在嚷嚷着有机食品是必需品，却忘了许多人既负担不起，也没有渠道获取有机食品。总之，千万不要让那些错误的观念影响你。每个人都需要摄入水果和蔬菜，只要好好洗干净它们就行。

以下想法供你做计划的时候参考：打包一份花生酱三明治和一根香蕉，再点一杯拿铁咖啡；鸡蛋三明治或奶酪西红柿三明治都是不错的选择，因为你可以把这两样食物放在上班地点的冰箱里；一次性煮四个鸡蛋，这样你可以吃四天；在饼干和苹果之间选择苹果，相信我，这会让你在吃完以后感觉特别棒；喝一杯酸奶并不麻烦，同样地，无论你多忙，都可以喝一杯牛奶。如果你花点儿精力，就可以确保以上的健康食物都在你附近。如果你是第一次犯类似的错误——不吃早餐，反而在上午十点吃甜甜圈——我们可以说这不是你的错。但要是你第二次仍然如此，那这真的就是你的错了。为什么不提前做好计划？如果你不吃早餐，很可能是前一天的晚餐吃得太多导致你不饿，或者是你因为太匆忙而来不及吃早餐。请提前五分钟起床。既然我可以一边查看电子邮件一边吃麦片，相信你一样可以。

就我自己而言，我别无选择。要么计划健康饮食，要么因为不健康的选择而长胖。我深知，高碳水化合物食物会让我饭后两个小时就感到饥饿。但如果在吐司里加个鸡蛋，我就可以坚持四个小时。脂肪和蛋白质会让你更有饱腹感，因为它们所需的消化时间更长。但是，我就是热爱高碳水化合物食物，所以我在家里肯定每两个小时就会进食一次。当我旅行的时候，我会在房间里点燕麦片作为早餐。酒店给的分量总是很大，所以我会在早上八点吃一半，十点吃掉另一半，然后中午十二点半去吃午餐，这样我就可以确保自己不会感到饥饿。要知道，当你感到饥饿的时候，你是没有精力思考的。而此时唾手可得的高脂肪食物，比如办公室自助餐厅的牛角面包和薯片，就会非常诱人。

我经常说，饮食必须要提前做计划，否则这就是一条下坡路，而且要扭转局势只会日益艰难。我必须非常警惕，并且确保健康饮食，否则脂肪就会一层层堆积如山。只要我一顿晚餐热量超标，我的体重就会增加三磅，而且裤子会变得很紧。我得用三天才能把增加的脂肪减掉。不过，这种情况发生的次数已经一年比一年少了。

这就是我在家里的饮食方式。当我出门在外的时候，我也会坚持这些饮食原则。现在，我出差的次数越来越多。无论出门在外的时间是三个小时、八天，还是几周，我都会严格执行健康的饮食计划。如果不在家的因素会影响我的安排，我就会提早考虑我的日程，以及我可以选择什么食物。如果实在无法确定，我就会带上一根香蕉，这能让我坚持一两个小时。

我已然明白，要想在家吃得健康，我就需要提前做计划（我的确也是这么做的），而当我在外旅行时，我就更得如此了。二〇一八年，我在世界各地参加了许多活动。在六个星期中，我从洛杉矶出发，先后到纽约、伦敦、米兰，再到伦敦，接着返回洛杉矶。每个城市都有模特工作等着我去做，有人需要会面，有地方要去拜访。要想完成这些精心安排的日程，我需要健康饮食带来的能量。

第一，我总是把零食，如坚果和干果，放在我的包里以备紧急之需。如果你饿了，你会选择尽快把任何食物放进嘴里，而好的选择永远不会在附近。我只需要一点儿零食来消除这种贪婪的感觉，并帮助我为下一顿健康的饮食留足选择的时间。

第二，当我住在酒店时，我会提前打电话让工作人员把所有的零食都带出房间。我不需要那些诱人的巧克力。我还要求他们清空冰箱，因为我需要空间来存放我自己的食物。我会去当地的市场买牛奶、麦片、水果、坚果和酸奶。如果我认为我需要更丰盛的零食，我甚至可能会买一个全麦卷，再在里面加一些黄油、奶酪和西红柿。

第三，我会在早上用我买的牛奶煮咖啡，这比他们留在房间里的半脂牛奶好。我不想饿着肚子出门。我宁愿事先喝一杯酸奶或一杯牛奶，这样我就可以保持正常的工作状态。我很喜欢煎饼，但我知道如果我吃了它，我自律的节奏就会中断，因为我不吃完盘子中的食物是不会停下来的。要从所犯的错误中学习并养成提前做计划的习惯。

如果我要出去吃晚饭，在出发之前吃点儿零食会阻止我在点餐期间吃完篮子里的面包。吃饭时，我尽量喝蔬菜汤，吃全麦面包，而不吃主菜。我从不匆忙行事，一切在我的脑子里被提前计划好了。

许多粉丝要求我告诉他们我每天到底在吃什么。以下是我在家时平均一天的食物摄入量。

早餐

我会把最喜欢的高纤早餐谷物装入一个大的容器，例如麦圈、麸皮片和全麸芽麦片，加上蔓越莓干或葡萄干、核桃或葵花籽。这足够我吃两个星期了。我通常先把它们搅拌均匀，取出一杯的量，每次吃的时候再加上半根香蕉和一杯含脂百分之一的低脂牛奶。

我会在咖啡里加含脂百分之一的低脂牛奶和一小包人工甜味剂。

零食

半杯酸奶。

一个苹果。

一杯红茶加含脂百分之一的低脂牛奶和一小包人工甜味剂。

午餐
一杯自制豆类蔬菜汤。

一个小时后
两片全麦面包、两茶匙黄油、一汤匙花生酱、生菜和一杯无糖苏打水。

一个小时后
一个橙子。

零食
拿铁咖啡加含脂百分之一的低脂牛奶和一小包人工甜味剂、一汤匙坚果。

晚餐：下午六点
沙拉，其中包括一杯量的生菜、一片洋葱、半颗西红柿、四分之一杯鹰嘴豆、一个煮鸡蛋、两盎司罐头鲑鱼、一汤匙葵花籽、两汤匙沙拉醋。

零食
一杯含脂百分之一的低脂牛奶或半杯低脂干酪、十二颗葡萄。

汤配方

一包什锦豆子（含有十五种不同的品类），提前浸泡一夜，煮九十分钟。在煮制过程的最后二十分钟，我会加入菰米、任何蔬菜，以及现有的调料。

24
学会享受食物

不要把你的卡路里配额浪费在难吃的食物上

最近人们总是提起超级食物①,与此同时,人们一聊到面包和牛奶却退避三舍。每个人都担心蛋白质摄入不足,每个人都想要蛋白粉、蛋白质补充剂和高蛋白棒。但我却对这一切迷惑不解。作为一名执业四十五年的私人营养师,我从来没遇到蛋白质摄入不足的案例。但是没有人想听这些常识,大家都只想要灵丹妙药。

我总是很高兴我在五年前就停止了私人营养咨询业务,因为现在模特工作和演讲工作占据了我很大一部分的工作时间,而且极端节食法也已经掩盖了大众理性的声音。因此,我现在所做的有偿工作之一,就是告诉听众要遵循科学和常识。

---

① 超级食物(superfoods)是营养学家提出的健康新理念,是指那些含有人体需要的营养元素、味道好且容易获得,更重要的是有助于疾病预防和促进健康的食物。——译者注

极端节食法的确可以让人快速减肥，因为该方法要求人们戒除他们最喜爱的食物、加工食品、高脂食品和酒精。从古到今，人们一直尝试用健康的方式减肥，但是很多时候却以失败告终。后来人们发现，完全排除某类型的食物似乎比执行健康的饮食计划更容易一些。例如，放弃所有碳水化合物，这意味着不吃比萨、薯条、汉堡包、意大利面和甜点。事实上，这是因为人们并未意识到，如果要制订健康的饮食计划，同样需要限制高热量食物的摄入。每当我告诉大家，我在职业生涯中从未遇到一位客户因为吃全麦面包而发胖，他们在公开场合会同意我的说法。但是，大家私底下依旧愿意吃百吉饼和牛角面包，而全麦面包这种高纤维食物仍然被大家排除在食物候选名单外。我知道大多数人都不愿意吃豆子，也很少有人摄入了足量的水果和蔬菜。或许你会认为这是常态，事实也确实如此。当某种新理念提出应该不吃水果，而把培根当作点心时，你内心的一个声音一定会呐喊："这可不是一个好主意。"但是这个想法很快就会消失，你内心的另一个声音会说："好极了，我可以吃培根了。"事实上，这种观念是需要改变的。大众恰恰应该选择那些富含植物纤维的麦片、面包、糙米、豆类、坚果、水果和蔬菜。

遵循健康的饮食计划就够了。用高纤维、富有营养的食物取代你长期食用的不健康的食物，避免加工食物、高脂食物和酒精，这样你既可以继续享受食物给你带来的快乐，也无须用极端的方式节食。此外，你还可以获得一项额外的奖励，即不用在聚会和餐宴上忍受这也不能吃那也不能吃的痛苦。

无谷蛋白饮食已经开始流行,每个人再一次失去了对于常识的认知。无谷蛋白饼干比水果或全麦面包更健康的宣传铺天盖地,这些营销手段真是机智无比。有趣的是,每当我询问人们是否喜欢喝薏仁汤的时候,每个人的答案都是喜欢。但当我接着说薏仁汤里同样含有谷蛋白时,他们则说自己不会对这种谷蛋白过敏。此时,我脸上露出的尴尬表情应该使我成了一个讨厌鬼——黑麦里也含有谷蛋白,但这对大众来说似乎也不是问题。

在加工食品中,谷蛋白很可能会被其他不好消化的物质取代。如果你由此患上胃病,原因也许就在这里,而且无谷蛋白食品的味道通常不美味。

如果无谷蛋白饮食意味着你每晚都不能再吃一整张比萨,你的体重因此降低,而且这让你感觉良好,那你干吗不试试用全麦三明治代替你的比萨呢?你本不必进行如此极端化的饮食,让大家都忧心忡忡。事实上,大多数人并不知道哪些食物里含有谷蛋白,也不知道这东西究竟是什么。如果有人说"我只吃无谷蛋白与高蛋白质的食物",我就会告诉他们谷蛋白其实就是一种蛋白质。但遗憾的是,他们听不懂,也不会对我提供的信息报以感激。

人们都需要抱有希望,极端节食法貌似可以给人希望,这种通过对食物的极端限制和低卡路里的摄入,让一些人达到了快速瘦身的效果的方式，被人们认可，成为一种流行的瘦身方式。

记得我还是一个营养学专业的学生时，我曾在一家电台接受关于营养学的采访，因为学校的教授和营养学系的每个人都只会说南非荷兰语，不会英语，所以我成了被赶鸭子上架的那个人去接受了采访。那时我还没有毕业，一直担心自己还不够资格。但好在我研究过周期表中的基本营养素和克氏循环①的新陈代谢理论，这也让我的成绩一直在学校名列前茅。结果，我在采访中竟然只收到一堆诸如此类的问题——"土豆会使人发胖吗？"我很快意识到，对于大众来说，他们没必要探究生理学和生物化学，他们真正想知道的不过就是一些基础常识。

研究人员始终不明白大众为何对极端节食法如此痴迷。三十五年前，在约翰内斯堡威特沃特斯兰德大学，一位年过八十、享有盛誉的营养学研究学者受邀演讲，那时主办方请我开车送他和他的妻子去参加会议。他们需要我的另一个原因是，尽管研究学者对营养学和最新研究的演讲非常精彩，但他根本理解不了像"你对阿特金斯健康饮食法有什么看法？"这样的问题。于是，我就被叫去回答这样的问题。同时我也需要让研究学者知道，该理论来自一本畅销书，该书提倡多吃动物脂肪，减少摄入碳水化合物。老先生对此感到非常困惑，因为没有任何研究证明这种饮食方法健

---

① 克氏循环又名三羧酸循环或柠檬酸循环，是制造体内大部分能量的"工厂"，也是维持生命的根源。该循环的发现者是英国学者克里斯比，他因此获得了一九五三年的诺贝尔生理学或医学奖。——译者注

康无害。是的，极端饮食法已经存在了很长时间，但我们的生活方式并不应该因此而改变。坚持无谷蛋白饮食，体重的确会持续下降，因为你不能吃比萨和饼干。但是，人们很难坚持一直遵循这样的饮食方法。你应该好好享受自己喜欢的食物，以及性价比和美味共存的均衡饮食带来的乐趣。另外，相对于健康饮食方法，极端饮食法需要你投入更多的精力去准备。

我曾在伦敦与两位非常聪明、成功的女性共进午餐，她们谈到了她们出色的营养师。

她们说："营养师每个月都会抽我们的血。"

我问："她为什么抽你们的血？"

"哦，因为我们的激素显示很不正常。"

我说："所以之后你们就得从营养师那里买药了吧？"

"是的，是的，你必须买下营养师建议的所有药片。"

"你们一个月要花几千美元呢？"

"噢，检查需要五千美元，每月的药费大概有几千美元。"

我说："你们可以停止这样做了。"

"噢，不。如果停下来，我就会变胖。她真的拯救了我。"

我说："但是，在遇见她之前，你是否吃得很不健康？你的饮食习惯有哪些改变呢？"

"我曾经很爱吃奶酪，我现在戒了奶酪，而且我瘦了。"

我说："那你只需要戒奶酪就可以了，其余什么都不用做。"

她们一点儿也不赞同我的论证，也不想听取我的建议。至今，她们仍然相信那位没有资质的"营养学家"。

有些人也会在果汁消费上一掷千金——每瓶四十美元，这真是太荒谬了。如果你真的很喜欢喝果汁，那就自己动手榨吧，这样你也不会浪费蔬菜和水果里的植物纤维。一些强化型饮料一样可以让你获得额外的营养，这些饮料经过了研究和实验，其所含的成分都白纸黑字地印在包装上，其所含营养物质摄入量也是合理的。

健康饮食其实并不复杂，也不是秘密，只需要遵循科学和常识就可以了。当你拿不准应该吃哪种食物的时候，不妨上网查找可靠文献，例如大学网站或者营养学家写的文章。不要相信那些在营养学方面几乎没有接受过专业训练的所谓的畅销书作者、公共营养师（或者其他叫法）、健身教练，或者任何试图把果汁、粉末或药片推销给你的人。真正的营养师的收费其实便宜得多，因为他们仅仅想卖给你健康而已。他们会帮助你建立对健康饮食的信心，并控制你的饮食习惯。人们搞不懂注册饮食营养师（RDN）、注册营养师（RD）和市面上其他营养师之间的区别。前两种认证需要大学毕业文凭，要在医院实习过，需要让自己成为营养学方面真正的专家。只有真正的专家才可以帮助你去伪存真，帮你把营养学科的知识转化成现实生活中对健康食物的正确选择。他们懂得饮食在预防和治疗某些疾病，例如糖尿病、癌症、高血压和心脏病上可以起到重要作用。当然，他们的建议也能提高你的生活质量。

而市面上那些非认证的营养师则不需要任何资格证书,科学研究也并非他们信仰的基础。这些人的收费不仅更高,而且他们会向你推销产品。千万别被愚弄了!先看看他们是否有资格证书,再签支票也不迟。你可以从他们名字后是否含有 RD 和 RDN 这几个字母来判断。另外,即使他们有医学博士学位(MD),在你同意接受某个疗程之前,你也一定要再三考量他们到底想向你兜售什么。无论对方是谁,只要他在散播对普通食物的恐慌,或者向你承诺你可以靠使用某补充剂、药粉,或其他未经科学证实的产品被治愈或见证奇迹,那么这些人统统都不是想要帮助你,而只是想用你的钱来填满他们的钱包。这些产品不过是你缺乏安全感的安慰剂,它们对你的身体健康没有任何帮助。

忘了那些所谓的流行的健康饮食吧。你不需要靠吃甘蓝来保持健康!当然,这么做会有好处,但你确实没有必要非得这么做。我是个享受美食的人,这意味着当我发现某些食物,比如甘蓝,苦到难以下咽的时候,我就无法喜欢它,宁愿不吃。我会选择吃我喜欢的那些蔬菜。

总会有一些人会对你不吃甘蓝感到失望。告诉他们,甘蓝不是健康的秘诀,健康的秘诀是多吃水果、蔬菜、全谷物、豆类和乳制品。当然,在你感到饥饿的时候,吃少量能让你开心的食物也没有什么大不了的。

能让你一直坚守的健康计划就是最好的。那是一份即使在你感到压力大、疲劳或者繁忙的时候,你仍能够坚持的饮食计划。

你并不需要吃药。你只需要一份饮食计划。

25
别让客人带巧克力去你家

不需要把每一餐都做到十全十美，你的人生同样如此

选择是否食用不健康食物的过程充满着困扰和诱惑。如果没能提前做好计划，当你受到引诱时，那富含脂肪或糖分的食物就会出现在你的身边，例如薯条和巧克力。一旦我们开始吃这些食物，就只会欲罢不能。就像打开了潘多拉魔盒一般，我们根本无法抗拒，也停不下来。即便吃饱了，我们也会照吃不误。对我来说，貌似我的胃永远有足够的空间吃下薯条和巧克力，即使我觉得自己已经撑到不行的时候也是如此。

当我开始做营养咨询的时候，我给客户布置的第一个任务就是：让你身边只有健康零食，比如一杯酸奶、一份水果或者一片抹了黄油花生酱的面包。我经常叮嘱客户："在吃一块点心之前，请先吃三个苹果。"事实上，我的客户根本没有吃过一块点心，因为一个苹果就足以饱腹了。所以，这个策略相当棒。有时我也会因为摄入了过多的蔬菜和水果而长胖，但这跟大吃大喝垃圾饮食之后的体重增加有着本质上的区别。

在一顿丰盛美味的生日晚餐之后，服务员端上了甜点，我毫不犹豫地放纵自己大吃起来。

那时，我碰巧坐在一位身高六英尺四英寸的男士旁边。过了一会儿，他说："你吃得居然比我还多。"

我告诉他，我并不总是这样。但是，这次我不打算管住自己的嘴——这些甜点太好吃了！我嘴里的每一颗味蕾都极其享受。然后我的体重增加了三磅。第二天，我就恢复了平常的健康饮食习惯，然后花了整整一周的时间才减掉那三磅。要知道，在我二十多岁的时候，我可以在两天内恢复原来的体重。而在我七十多岁的当下，则需要一个星期才能恢复。不过，我认为这种偶尔的放纵是值得的！

如果你也想沉溺于美味中，那么请你在开始之前务必想清楚，你这么做并非因为感到悲伤或有压力，而仅仅是因为食物可口。随着阅历的增长，我学会了不要把我的卡路里配额浪费在那些难吃的甜点上。

对食物极其挑剔是有用的。我参加过一场会议，会场摆满了五花八门的点心。我并不想拒绝这些诱惑，于是拿起了一块看起来最让人心动的点心——上面全是巧克力和坚果。不过，我刚咬了一口就发现它并不可口。为了不让我的味蕾再受苦，我把这块点心放回自己的餐盘里，再也没碰过一下。

如果你吃到的东西不够美味，你可以把它搁在一边。

当人们给我巧克力和糖果的时候，他们的友善笑容通常会让我感到惶恐不安。我告诉他们，这种类型的食物不能出现在我面前，因为我会把它们全部吃掉。即使被告知每天可以吃一块，我的基因也不会允许我这么干。我会请大家把这些零食带回家，否则我就只能把它们送出去。如果没人可送的话，我甚至会把它们扔掉。想着厨房里有一块"魅力磁铁"正在一直疯狂地散发着吸引力，这真是生命不能承受之重。要知道，任何甜食都不能出现在我家，因为它们都会是"触发食物"。这是什么意思？这意味着我没法儿只吃一小块巧克力，这只会开启一串连锁反应。我的味蕾会兴奋，只想把整盒巧克力清空。当然，大吃大喝的开关也许是其他可口的食物：对一些人来说是薯条，对另一些人来说也许是冰激凌。最重要的是，你得知道什么食物会触发你的暴吃神经。而一旦找到了你的"触发食物"，不管它是什么，请你务必不要将其带回家，你离它越远越好。

避开"触发食物"不仅仅是为了减肥，这还与失望或痛苦的情绪有关。它会影响你的心情，而我们每个人都不想不开心。

如果你在该不该吃和该不该多吃上心有余悸，那么千万不要浪费过多的时间让自己沉浸在这种情绪里。最有效的策略是跳过忏悔这个步骤，扪心自问："我很享受吗？"如果答案是肯定的，那就没必要自责，继续享受美食，假装什么事都没发生过。从下一餐开始，吃水果、蔬菜、优质蛋白质、全谷物和豆类。与此同时，也请在第二天就恢复你日常的健康生活方式。我们不需要让每一次进食都十全十美，你的人生也同样如此。一顿不健康的饭菜并不会彻底破坏你的健康生活。只要你做到百分之八十的时间吃得健康，你就会一直感觉很棒。

当然，如果你没有这么做，下次可以记个笔记来提醒自己，不健康的食物对健康没什么帮助，你也不必为此过于纠结。你可以专注地回想你在明智地选择吃健康食物时的那种美好感受。要知道，适量的健康食品可以让你感到精力充沛，身体也能更加健壮。

于我而言，在家的时候更容易遵守健康的饮食计划，永远不要把钱花在会破坏你健康习惯的食物上。如果你有孩子，不要考虑自己的喜好，买一点儿孩子喜欢的零食就行。如果我想给我的孙子们吃零食，我只会让他们选择一小份冰激凌或一块饼干。这样的话，我就不会有自己要将那个大盒子一扫而空的想法了。

了解自己的"触发食物"，不要与之有任何交集，这样你的感觉就会一天比一天好。

26
坚持运动

倾听自己身体的声音,不要让它陷入痛苦之中

我待在家的时候,每天都会散步,事实上,我每天会短途散步四次,因为我的狗一直想让我带它出去溜达,这也让我从中受益。我喜欢散步的感觉,我的狗德尔雷伊也是如此。

我赞成每天都应该运动,但我认为不需要用力过猛,那样会导致受伤。运动健身压根儿不需要让自己感到疼痛和不适,是过往经历让我认识到这一点的。

事实上,我一直以来都不擅长运动。我年轻的时候是个彻头彻尾的书呆子。我的双胞胎姐姐凯却是个运动健将,她的孩子们遗传了她的这一点。而我是个运动白痴,我的孩子们同样如此!

每日的运动计划是非常必要的。如果我发现某些客户压根儿不爱运动,我就会找出他们愿意做的运动项目,比如散步、跑步、打网球或是去健身房。总之，得找到他们喜欢的一项运动。如果客户的体重严重超标，我只会要求他们每天慢走三十分钟。在他们减重二十到五十磅之前，我不想让他们的心脏、膝盖或背部有任何负担。

如果他们没有时间做任何运动，我就会让他们在看电视的时候，在原地做伸展运动。当我的孩子还小的时候，我就是这么做的。我四十五岁左右才开始去健身房健身，那时孩子们已经各奔东西，因此我负担得起自己去健身房的费用。我敢肯定，当孩子们的朋友来我家拜访的时候，发现我竟然可以在他们面前蹦蹦跳跳，那时孩子们一定感到尴尬死了。尴尬就尴尬吧，我可不在乎。

仅靠运动不能减肥，但运动确实会带给你动力，让你感觉良好——这就有助于减肥。为了身体健康，持续运动是必不可少的因素之一。即使我在写这本书的时候，我仍然会花时间在起居室的瑜伽垫上做一些伸展运动，出门遛狗，每天健身四十分钟，其中包括三十分钟的动感单车和十分钟的轻重量训练。

我在写第一本书时的运动量特别大，我每天晚上都有踏板操课和瑜伽课。运动过量导致我的臀部开始疼痛，而我却顺其自然地开始锻炼得更久。但是，疼痛很快往下蔓延到了大腿，接着是我右边的小腿。疼痛来得如此猛烈，以至于我连弯腰摸膝都做不到。在当时，如果什么东西掉在地上，我只能让它待在那里几天，直到我能忍受住捡东西时手和膝盖带来的钻心疼痛。我连洗浴时跨入浴缸都需要花半个小时，这种感觉恐怕只有那些经历过某条腿严重受伤的人才能理解。表面上你看起来好好的，但你就是无法坐下或者站起来。我接连找过六位脊骨神经科医生，可因为我还有腰椎间盘突出的问题，没有人敢给我治疗。于是我又向普通按摩师求助，他们同样也不敢为我治疗。平时走路还好，但任何运动都会让我的腿痛到撕心裂肺。我虽然表面上看起来很健康，但却不得不抱怨疼痛，这种感受真是说不出地怪异。

我后来给我学神经病学的专家哥哥打了通电话，他把我推荐给一名神经外科医生。

我太幸运了，在加拿大，外科医生不会因为做手术而得到更多的报酬。所以除非极有必要，他们绝对不会轻易给你动手术。

这位外科医生说他并不想替我动手术，除非我的双脚变得麻木。不过到那时就说明我的腿部神经快要坏死了。尽管我当时说只要能止痛，做什么都可以，但我现在非常高兴那位医生坚持保守治疗。八个月之后，我的腿痊愈了。我认识一些做过背部手术的朋友，如果他们当时能如我一样熬过疼痛，可能结果会好很多。

在我腿痛还没有好全的日子里，我依然得坚持工作。参加时装走秀时，我不得不找两位助手帮我穿衣服：一位从我身下往上套衣服，另一位从我身上往下穿衣服。有时我一天有八场秀，在赶场的路上，我会平躺着，把脚放到椅子上才能让我感觉舒适一点儿。他们很难想象我有多么痛苦，因为当我站着的时候，看起来像什么事都没有一样。

作为一家公司的顾问,我想去费城参加一场研讨会,当然,这么做也是因为我喜欢听科学家们的讨论。尽管坐飞机很痛苦,但我并没有因此而放弃。我随身带了一个腰部按摩滚轮,每次只要一坐下来就使用它。

不过当我到达会场的时候,我已经痛到不得不躺在地上了。

缓过来后,我跟大家一起外出享用晚餐。

"很幸运,"其中一位科学家说,"我们不用帮梅耶再找一把椅子,她躺在地板上就可以了。"

那时我甚至以为自己再也不会康复了。我常常用羡慕的眼光看着人们慢跑或锻炼,心里想着:"这些都是我再也无法参与的运动了。"我妒忌其他人可以自如地四处走动和坐下,不会因此而感觉疼痛。对我来说,只要能够在活动的时候不会感到痛就好了。

大约六个月后,我感觉疼痛在逐渐改善,因为我可以弯下腰,手能再次触碰我的膝盖。八个月后,我已经可以用手碰到自己的脚了,这就意味着我终于能够正常、体面地洗澡了。

这次经历给我的教训是,我们应该倾听自己身体的声音,不要让它陷入痛苦之中。你不需要总是制订一份过量的训练计划,也不需要不断加大自己的训练重量,更不需要一直强迫自己加大运动量。只要动起来就行了,千万不要因为过度运动而给身体带来伤害。

在照顾孙子孙女的时候我同样得小心。

最近,在和孙子孙女追逐打闹的过程中,当我跑上楼时,我在一个拐弯处扭伤了膝盖。从那以后,我只能一瘸一拐地行走,而且痛得要命。我不知道究竟发生了什么。理所当然地,我上网求助医生答疑解惑,然后我看到网络资料显示:"如果你是一位老人或者优秀运动员,你的膝盖可能受伤了。"

好吧,谁让我就是一个"优秀的运动员"呢。

金博尔有许多精英运动员朋友,他们动过许多次膝盖手术。我被告知,我这种情况搞不好需要做膝盖手术,术后"只需要"六周就可以恢复正常。我跟他们说我没有那么多时间,因为两周以后我就得去纽约时装周走秀!

我用冰敷了膝盖,并且就如"网络医生"建议的那样,一直让它保持悬空。

在试穿走秀服装的时候,工作人员告诉我:"到时会有很多台阶。"

我被吓到了,因为我可以勉强走路,但上下台阶就不行了。

走秀舞台在大都会歌剧院,那里上下各有四段台阶,这就意味着我必须爬上爬下四次。好心的工作人员给了我平底鞋,让我感到舒服一些。作为走秀专业人士,我当然不会有任何抱怨,只要自己尽力克服就好。不过我不得不说,当时真的是剧痛无比。

我走完了那场秀。回家以后,我给医生打了通电话,他告诉我先在膝盖上敷一些奔肌药膏①，再去找骨科医生就诊。好消息是：这仅仅算是扭伤，随着时间的推移会自行痊愈。我不需要做手术。

因为身体底子不错，我成功地度过了许多病痛的艰难时期，我的孩子们也是如此。对此我非常感恩。有时候，生一场小病或遇到一次小小的事故会让你消沉数日，那时你会意识到健康就是一切。

如今，我不会给自己太多压力。我仍然会在动感单车上锻炼，但只要我的膝盖感到疼痛，我就会转而到跑步机上锻炼。如果跑步也仍然不舒服，我就会改成做伸展运动和举重。这样一两天后，我便可以轻松地回到动感单车上。当然，我现在陪孙子孙女玩耍追逐的时候也会更加小心。护膝成了我预防膝盖再次受伤的必需品。

就像精英运动员会做的一样。

---

① 奔肌药膏是一种用于治疗肌肉劳损、酸痛的药膏。——译者注

27
好的人际关系对身心健康有益

当我们互相照顾时，每个人都可以从中受益

　　我的客户会说我比心理咨询师收费划算，因为当他们的饮食更健康以后，他们会感觉更快乐、更强壮、更自信。情绪的确对你的健康起着很大的作用。如果你感到不开心，你就很难有体力和精力去吃得健康。那时的人们通常只会想要吃让自己感到愉悦的食物，然而，这些食物的脂肪含量往往都很高。

　　和能让你开心的朋友和家人交往对健康很有好处。作为一名科研工作者，这并不是我的研究领域，不过这一常识早已众所周知。如果你拥有不错的人际关系，这就能促进你的身心健康；反之，糟糕的人际关系则会让你感到沮丧和悲伤。

　　我很幸运，自己的小家庭和大家庭都很幸福。我们喜欢在一起共度时光，放声大笑到喜极而泣为止。从小，我母亲就给我灌输照顾家庭的价值观。她是我们的榜样,她不仅在生活上无微不至地照顾我们,还一直鼓励我们探索各自不同的兴趣爱好。同时,母亲也非常清楚并相信我们有能力照顾好自己的孩子。在我离婚时,母亲对我说:"家庭至上。"她的意思是孩子比什么都重要。为了孩子,我曾受困于婚姻的泥沼。后来,同样是为了孩子,我跳出了婚姻的桎梏。

"家庭至上"是我们整个家族践行的理念,定期聚会对我们来说也十分重要。把四十个在不同城市忙碌的人凑在一起实属不易,但我们总是把这件事列为优先事项。

我们有一年一起去了哥斯达黎加。还有一年,我们选择了西班牙的科斯塔布拉瓦。通常我们会事先预订一家小酒店,然后浩浩荡荡地"杀"过去把所有房间占满。

我们在一起相处得非常愉快,大部分原因是我们每个人都有足够的空间,可以做自己喜欢的事情。有的人喜欢运动,有的人喜欢读书,有的人喜欢游泳或散步,有的人喜欢一直倒头酣睡,有的人则享受美食。每一次旅行都是如此,身边都是爱你的家人,但这并不会限制你随心所欲,因为大家都没有黏着谁不放的兴趣。同样地,你参不参加家庭活动都无所谓。你想把时间花在手机上也没问题。如果你想把时间都花在笔记本电脑上,那当然也没问题。

姐姐凯总是在日落时分独自去游泳。作为一个很棒的游泳健将,她一天可以游三个小时,而完全不在乎有没有人和她一起。

有时我会跟她一起游泳，但她游得比我快多了。一般三十分钟后，我就会精疲力竭，但她还可以继续游，依然轻松地在水中滑行。

有时我们会去参观附近的城镇，仍然是谁想去就去。有时我们也会找一家餐厅安排晚餐，然后试着把四十个人都"塞"进去。

某一天的晚餐时间，我们四十个人都到齐了。所有的孙子孙女到处追逐打闹，甚至有点儿吵闹。

我对凯说："我再也忍受不了这种噪声了。"

她说："我也是！"

我们拿起三明治，走到沙滩，坐在那里，望着大海，一起度过了一个宁静的夜晚。

有时候只有我、我的孩子，还有我的孙子孙女一起过假期。就在托斯卡的双胞胎出生后的那个感恩节，我们本来计划假期在埃隆的家里度过。

那时 SpaceX 预备发射一枚火箭，埃隆希望我们都能到场。火箭发射的前一天晚上，我收到了一封电子邮件，上面写着："已经为您预定了明天早上飞往奥兰多的航班。"

我立即给托斯卡打电话，但她已经睡着了，还好我成功地联系到了她的孩子们的保姆。我对保姆说："请你一定要在明早六点叫醒托斯卡，因为她七点就必须到机场搭飞机。"

你可以想象，对付这样的临时旅行多么令人发疯。飞机上，两个小婴儿不停地号啕大哭，因此在空中那几个小时里，我们一直试图安抚他们,并向我们周围的乘客报以充满歉意的目光。

抵达奥兰多之后,我们坐大巴去了卡纳维拉尔角发射基地。之后,我们在NASA(美国国家航空航天局)肯尼迪航天中心的大楼里与所有人一起享用了作为晚餐的火鸡外卖。

我喜欢亲密无间的家庭,因为家庭成员之间彼此可以相互信任,相互支持。我们一起经历了许多艰难的时光,但至今我们仍然紧紧团结在一起,这真的很特别。有时人们告诉我,他们的家庭如何令人难受。在见识到真正的情况之前,我其实并不相信,直到我亲眼看到他们是如何没完没了地侮辱对方的。这让我想起了我前夫那边的亲戚——对这些人来说,每次一起用餐都是一场尖叫比赛。除了不把时间花在这样的家庭,我想不出有其他任何办法可以改变这一点。如果你的家庭让你不开心,那你就应该去找那些能让你快乐和微笑的朋友。如果你的家人无法给予你支持,那么你得相信,无论情形是好是坏,总有朋友愿意和你同甘共苦,做你坚强的后盾。

当我们互相照顾时,我们每个人都可以从中受益。

28
拥抱七十一岁

让生命中的每一个十年都比上一个十年更好

我有一些同龄的朋友，也有许多比我年轻的朋友，他们所有人都对生活充满热情。我在社交媒体上的标签是"七十一岁的感觉真好"——我实在是太喜欢自己现在这个年龄了。

根据我在社交媒体上读到的评论，人们似乎害怕衰老。但是在看了我的帖子后，他们对自己的未来和皱纹感觉好受一些了。我也接受过很多采访，谈论诸如我对现在的年纪如此享受的秘诀；老年人可以时髦靓丽，不与流行脱节；老年人理应得到更多的尊敬与欣赏；等等。

我不怕衰老的原因之一是，我生命中的每一个十年都比上一个十年更好。二十几岁的时候，我除了有三个很棒的孩子，可以说是过得一塌糊涂；三十多岁的我过得也挺糟；四十多岁的我仍在为生存忙碌；五十多岁的时候，我来到纽约重新起步，努力让我的事业走上正轨并结交新的朋友；直到六十多岁，因为工作和儿孙，我才逐渐安顿下来。现在，我比以往任何时候都更忙碌。我从未预料到生活会变得这样美好，但我欣喜于这种变化。

另一个我不怕衰老的原因是我的母亲为我树立了一个很好的榜样。父亲在七十三岁去世的时候，母亲才六十一岁。父亲和我双胞胎姐姐的丈夫在一起飞机事故中去世，这是一场巨大的灾难，我们没有人敢相信那是真的。因为在我们心中，父亲一直就是一个超人。

我父母的婚姻是如此美满，我原以为母亲永远不能从伤痛中恢复过来了。我们完全想象不出她接下来该怎么生活。多年来，母亲一直都在父亲身边，支持他，做他的贤内助。不过，我们都大错特错了。独自一人的母亲也活得像鲜花般绽放，六十多岁的她开始上艺术课，学习木雕、陶艺和绘画。同时她开始周游南非，用油画颜料和水彩描绘她看到的风景和建筑。现在，她的作品会定期在比勒陀利亚展出。

我母亲也是一名摄影师，她展出过她的摄影作品，也获得过奖项。你也许能注意到，她拍摄的我们在沙漠里的那些照片是如此美丽，之前我们竟然没人意识到她有如此惊人的天赋。而我只遗传了母亲的满头银发，却没有遗传她的艺术天赋。她在七十多岁的时候开始学习蚀刻版画①，这是一个极其艰难的过程，你得用一根针去蚀刻一块金属板，然后用各种各样的化学品和器械，最后把它压到纸上。母亲购入了作画流程所需要的全套设备，并学会了如何使用它们，这也让她入选了南非的《艺术名人录》。作为一名南非艺术家，我母亲夜以继日地投入自己的事业，一干就是二十二年。

母亲在八十六岁时搬回了加拿大，一切从头开始。那时我的儿子们的Zip2网站刚刚出售，我们有足够的财力帮助我母亲和姐姐去加拿大安顿下来，让她们和亲人们住得更近。很多人担心母亲会想念她在南非的朋友，但当我打电话问到这件事时，她却告诉说她完全没有这方面的顾虑，因为她所有的朋友都去了天堂。她继续她的绘画、她的蚀刻版画（她已经把整套设备都带过去了），还继续定期展出作品。我五十九岁的姐姐琳恩那时和母亲住在一起，她一边继续教授舞蹈，一边开始学习数码艺术。对于我母亲来说，一切才刚刚开始。

母亲九十四岁的时候，她的手已经颤抖到没法儿再拿笔画画。但她并未因此放慢脚步，反而利用先进的高科技学会了制作数码艺术。直到九十六岁高龄，母亲的手颤抖到了极其严重的地步，她才正式退休。随后她开始如饥似渴地阅读书籍，在地图上标记

---

① 蚀刻版画是一种印刷工艺，常用的方法是把画稿复制到透明的涤纶纸上，经过蚀刻和染色，在铝板表面形成有凹凸立体线条的彩色版画。好的蚀刻甚至比绘画更需要素描技巧。——译者注

我们大家所有的旅程。母亲说九十多岁是她一生当中最快乐的时光。我想，这也让我们对我们的未来充满期待。

我仍然记得和母亲参加过阿尔伯塔省一个小镇上的"夕阳茶会"，这是一次面向老年人的社交聚会。现场的气氛令人相当难受，因为在座的人都在不停地抱怨。

我们赶紧逃跑了。我问："他们这样怨天尤人，是年龄增长的原因吗？"

我母亲说："不，他们从年轻时就这样了。"

所以，如果你喜欢怨天尤人，那么你现在就可以开始尝试改变，否则当你变老的时候，你也只能继续在怨怼中度过余生。

母亲在身边的感觉真是太棒了。她的智慧总是闪闪发光，直到她九十八岁因身体罢工而去世。姐姐凯当时在母亲身边，她说母亲去世的那个早上一直在笑。母亲从未害怕过衰老，她甚至提都不提这件事。她看起来总是那么漂亮，去哪儿都会涂大红色的口红，也喜欢在出门时戴上耳环。晚年的母亲一直留着一头长长的美丽的银发，她的穿着也永远那么优雅得体（除了衣服会因为绘画留下颜料痕迹）。

母亲一直那么乐观，这点和我父亲一样。我记得父亲是一个喜欢找乐子的人，他甚至在名片背面印上"保持微笑"几个字。他也把这种性格注入了他所做的每一件事当中。我从来没有听到过父母提高嗓门说话，吵架就更不可能了。

如果你活得足够久，你就会发现在人的一生里，让人烦恼的问题会一次次地重复出现。当你遇到了某件可怕的事情，或者某人对你暴露恶意时，你可以说，排个号吧，之前类似的状况又不是没有发生过。无论当时多么痛苦，再次经历的时候都不会那么难过了。而现在的你已经可以坦然地面对这些，让一切不顺都滚吧。

我们家族已经面对过多次亲人离世，这是一件不可避免的事情，因为我们是一个大家庭。第一次面对死亡时，我们是那么伤心欲绝，根本无法相信自己还能够恢复。但人的潜力是无穷的，你可以康复，甚至还可以淡然地去谈论那些虽然已经离去，但在你心里并未离开的家人。这也是老去的一部分好处。

每当我去看望身患结肠癌的姐姐时，我都会带上我的狗。后来我的狗年老多病了，我对此感到非常难过，然而我姐姐说："你本来就应该比你的狗活得久。"这让我重新回到现实，意识到她的话是那么正确。姐姐现在已经离开了我，然而她却一直将幽默坚持到生命的最后。我有一次带姐姐去逛超市，那时，虚弱的她不得不扶着购物推车行走。我们碰到了一个认识的人，他告诉姐姐她看起来棒极了，并问她是怎么减肥的。我姐姐回答道："因为我得了癌症！"然后她就放声大笑起来。

七十岁生日时，我举行了两场派对。其中一场在纽约，由"封面女郎"品牌和《时尚芭莎》杂志社替我举办。派对里挤满了时尚界人士、模特,还有我住在纽约时交到的朋友。埃隆、金博尔和托斯卡替我在洛杉矶举办了第二场盛大的生日派对。派对上,大屏幕循环播放着我在不同时期的照片。这一天真是无比美好,户外的气球、特调鸡尾酒、冰激凌吧台、专业舞者、DJ(音响师/电台音乐节目主持人),现场还有一位萨克斯乐手。我被许多朋友及家人包围着,甚至我十一岁时在老家学校认识的一个朋友也到了现场。埃隆穿着T恤,直接从特斯拉超级工厂赶来。我最好的朋友朱莉娅·佩里和她的丈夫也在那里。多年来与我一起共事的营养师同事们制作了一本活页故事集,里面满满的欣赏和感激之情让我无比动容,泪流满面。

如果说你能从我这里学到什么,那就是:不要害怕衰老,要和那些不惧变老的朋友在一起。你可以和所有年龄段的朋友玩得开心,他们喜欢你,因为你迷人、有趣、聪明、自信,也许还有时尚(在你心里)。倾听他人,善待他人,不管你们之间的年龄差距有多大。如果有人跟你说你太老了,特别是如果这个人是你正在约会的对象,请你马上跟他说再见。

变老是一件好事。随着年龄的增长,我们将变得更加有智慧、更加自信——这真是一种让人惊喜的经历。我们在此过程中也学到,如何更快地摆脱那些在生活中遇到的浑蛋。我猜你已经意识到了,我对未来满怀热情,并翘首以盼。

在人生的这个阶段,我度过了有史以来最好的时光。首先,我写完了这本书,这也许能启迪其他女性拥有更好的人生。这让我感觉非常棒,希望它也能给你带来这种感受。

我刚刚开启了我的"七零人生",我迫不及待地想知道下一步将会发生什么。

终章

现在开始，制订你的计划

要有足够的常识和制订计划的能力

当我开始写这本书的时候，我去了一趟纽约。我和我的图书编辑共进午餐，并参加了"封面女郎"品牌产品发布会，还和美容杂志 *Allure* 的主编一起录制了一条播客。朱莉娅也来了，她帮我挑选了服装。

我住在一家非常漂亮的酒店。刚和托斯卡聊完电话，了解到她正在拍摄一部电影后，我便给金博尔发短信，他的一家新餐厅会在当周开张。随后，我坐在酒店大堂，打开 iPad（平板电脑），自豪地看着埃隆 SpaceX 公司的新闻发布会。我记得，我在这家酒店待过。那时我五十岁出头，住在纽约市，我的营养学咨询事业刚刚起步。

我记得那时我到纽约是为了拍摄时尚大片，并且拍摄地点就在这家酒店。跟过去相比，酒店的样子一点儿也没变，但我想我看上去应该已经不一样了。我的境况早已大不相同。

记得那次拍摄结束后，大家都去了餐厅里面的一家酒吧。虽然我很想加入他们，但是我并没有留下来，因为我根本付不起自己的酒钱。也许有人会替我买单，但要是没有呢？我只好离开了。不要做任何你负担不起的事情。那时我并不觉得自己有多么寒酸，或者有多么可怜，我也从未宣称"总有一天，我会出人头地，而且会再次光顾"。我根本没有想过有一天我竟然真的回来了，这大概就是生活的惊喜吧。

我只是一直在坚持努力工作，制订新计划，然后继续向前走。

也许这就是我每天醒来都感到快乐的原因。我经历过富足的生活，也体会过穷困潦倒的状况。没有人知道接下来会发生什么。对我而言，身体健康，享受工作，热爱家庭，拥有一群超级好的朋友，这就够了。

无论是健康、事业，还是生活，世上没有一步到位的解决办法。你所能做的就是努力工作，保持乐观，真诚待人。对了，你还要有足够的常识和制订计划的能力。

计划可以被制订，但不是每个计划都能被实现，所以你必须学会制订另一个计划。生活就是起起落落的，就像坐过山车一样，向上永远会让人兴奋，下落则会让人如同身处地狱。如果你处于人生低谷，那你一定要学会制订计划，让自己逃出。随着年龄的增长，失败会变得不那么悲剧化和痛苦，当然也不会那么伤人，因为你之前已经有过类似的经历。

  如果你想要获得快乐，那你就必须自己做出决定。何时？为什么还不换一份工作？改善你的健康状况，拥有幸福的家庭和朋友圈，由此更加热爱你的生活。过去我常常认为我不会再拥有幸福了，永远不会有的！但即使在那个时候，我也会制订计划，从绝望中跳脱，因为一直不快乐并不是生活正确的打开方式。所以，请现在就为自己制订计划吧。

致谢

首先我要谢谢我已故的母亲,她是一位聪慧、勤劳、温柔和自信的女性,为我树立了一个很好的榜样。我敢肯定,这本新书的出版一定会让她感到非常高兴——就如同二十四年前,她大声地、逐字逐句地朗读我的第一本书时的心情一样。

谢谢卡妮莎·蒂克斯,为了让我动笔写这本书,她整整唠叨了两年。但是直到我们开始在世界各地旅行演讲,跟媒体、观众和新的朋友们分享我的故事时,我才终于意识到这本书的重要性。

感谢我的文学经纪人佩奇·西斯莉和萨莉·哈丁,他们对于跟我合作感到非常兴奋。他们相当喜欢我在上一本书里所提出的建议,也相信我还可以讲述更多的故事。

感谢我的好朋友兼造型师朱莉娅·佩里,她让我随时随地都看上去光彩照人,而且总是在找寻那些最适合我的造型。谢谢阿里·格雷丝·马夸特,是她审查了包括本书合同在内的我的所有合同,并且一直在用法律武器保护我。

感谢桑德拉·巴克,是她替我把故事整理成了一个个章节。

感谢我的编辑艾米莉·旺德利希,她花了很长时间来让本书的章节更具吸引力,并使我专注于我的主题。

感谢维京企鹅出版集团的工作人员,他们和我一样,对这本书的出版感到兴奋无比。